エネルギー使いの主人公になる **1**

エコなお家が
横につながる

小林 光

海象社ブックレット

JN064858

はじめに

　私たち日本に住む人たちは、福島の原子力発電所の事故でいろいろなことを学びました。

　私自身のことから申し上げましょう。私は事故を見て、原子力発電（原発）に過剰に依存し続けてきたことにはっきりと気付かされました。また、事故がなければ将来も原発に平気で依存し続けたであろうと思い、深く反省もしました。私は東日本大震災の直前、2011年1月まで環境省の行政官として地球温暖化対策を主に担当してきたことから、現役の時は「原発は発電段階で二酸化炭素（CO_2）を出さないので、安全性の確保を大前提にして原発を温暖化対策として活用する」と言っていました。その安全性が確保されていなかったことを目の当たりにして、大変大きなショックを受けました。政府や電力会社は、原発の設備を維持するための電源が全部止まってしまう最悪事態を想定した訓練も多少は行っていました。私も参加したことがあります。しかし、そんなことでは役には立たず、ご存知のように、炉心が溶融し、原子炉を納める建屋は放射性物質もろとも水素爆発で吹き飛んでしまいました。壊れてしまった発電所の所内やその周りにも2度行きましたが、周辺には放射性物質を含んだ降灰が広い範囲に及んでいて、人がいない街が延々と続き、除染作業が続けられていました。また、汚染された土砂などが入れられた黒いフレコンバックがあちらこちらにうずたかく積みあげられていました。原子炉からは汚染された水が滲出してきて、発電所の構内はそれを収めたタンクで満杯です。

　こんな状況をつぶさに見て、私自身は、原発は、環境保全や原子力災害防

止の観点で厳しく規制されるべきであって、温暖化対策の手段として活用しようとするのは筋違いだ、と考えを変えました。地球温暖化を防ぐために原発に頼るのは、別の種類の環境上の危険をわざわざ増やすことにつながりかねないので、そうではないもっと安心できる手段を考える必要があると思い至ったのです。

　エネルギー源としての原発の是非については、その危険性をどう見るかで、国民の間に意見の大きな開きがあります。エネルギー供給元の分散を図れるなど、メリットもあるでしょう。十分な安全対策を施しても発電単価はなお安い、と言う人もいます。それらのことを考えて、原子力を温暖化対策を離れて単なるエネルギー源として使っていくとしても、そのためには安全対策の抜本的な強化が必要であることに異論はないはずです。そこで、すべての原発はいったん止められ、対策が施されつつあります。対策コストが負担できないと判断された発電所は退役させられ、廃炉にされるでしょう。それはそれで、福島の事故の教訓が生かされつつあるのです。

　一方、足元では困ったことが起きてしまいました。それは、石炭火力発電所（石炭火力）がどんどん増えてきたことです。2011年には約150設備だったのが、20年には約180設備に増えています。石炭火力のメリットは、そのコストの安さです。原子力が止まった分を肩代わりするため、価格が安くて安定的に供給される石炭が期待されたのです。天然ガスの消費も増えましたが、値段が高いので、石炭の方が好まれました。石炭は炭素のいわば塊ですから、そのデメリットは、発電所でたくさんのCO_2を出して地球温暖化を強く促進してしまうことです。1kWh〈注〉の電力を作る時に出るCO_2の量は、天然ガスを焚いて電気を作った場合に比べ、倍くらいになるのです。

※ kWh:W は電力の単位で1kW=1000W、1MW=1000 kW、1GW=1000MW。kWh は電力量（電力×時間）で1kWh= 1kW ×1時間

　福島の事故が私たちに教えたことは、家のコンセントの向こうには遠くの発電所があり、私たちはそこにつながって暮らしを営んでいる、という事実です。そして、私たちはたとえそのことに気付こうとも、自分の判断は許されず、つながっている発電所の電気を使う選択肢しか与えられていない、ということも教えられました。

　こうした一方的な関係がある結果、私たちは電気を使うことに伴って、好まないのにもかかわらず、原発の危険なごみをこれまでにたくさん生み出してしまいました。また、3.11の大震災後は、より多くのCO_2を大気中に捨て続けてもいるのです。

　誰もこんなことで良いとは思っていないでしょう。エネルギーの使い方に関し、どうしたら私たちは政府や電力企業任せを改め、自己決定権を得ることができるのでしょうか。その方法を、私の自宅や生活者の日常の暮らしの足元で、あるいはエネルギー使いに自主性を発揮し出したご家庭が横つながりする中で手探り的に検討したのが、このブックレットです。海象社が「エネルギー使いの主人公になる」というテーマで続けて刊行していくシリーズの第1冊目になります。

　この本では自宅を始め、具体例の紹介に徹しました。いずれも筆者が訪れ、見聞きし、お話を聞かせてもらった事例なので、世の中の客観的な鳥観図と言えないことがあるかもしれないことはお許しください。

　そうした点はありますが、読者の皆さまが家庭のエネルギー使いの達人になり、世の中のエネルギー利用の方向を決めていく主人公になる時のヒントとして、いろいろな望ましい行動やその効果などを、ステップ・バイ・ステップで説明するようにしてみました。同様の内容は、東京大学の全学自由ゼミ「再生可能エネルギー実践講座」での私の授業コマでも講義していますが、それをご家庭向きに、つ

まりもっと実践的に組み替えました。2050年の脱炭素化目標ははっきりしましたが、私たちの暮らしとエネルギーとの将来の理想的な関係はまだまだ見えてきません。けれども、そこへ向けた一歩を刻むのに、この小著が役立つならばとてもうれしく思います。

　最後に、この小著の母体について触れさせていただきます。ここに登場する、我が家での実践や国内外の取り組みの多くは、再生可能エネルギーの専門誌『創省蓄エネルギー時報』（エネルギージャーナル社発行）へ月1回のペースで寄稿している拙コラム「足元からeco！」で報告したり考察したりした事例です。創エネ時報は私に、再生可能エネルギーの利用拡大に向けて何ができるのかを考え、検討を深めていく機会をこれまで10年もの長きにわたって与えて下さっています。ありがたいことです。ここに記して、厚く御礼申し上げますとともに、世の中のニーズの高まりに応え、同誌がますます発展していくよう祈らせていただきます。また読者の皆さまも、再生可能エネルギーを使いこなすことに関心を高められたなら、この分野の刮目すべき進歩をフォローしていくために、同誌に時々目を通されることをお勧めいたします。私もエネルギー使いの達人を目指して今後も精進しますので、私からの報告発信もまだまだ続けられると思います。楽しみにしてください。

目　次

第1章

エコハウスを
建てた

最初に、私の自宅での実践とそれを通じて感じたこと、特に、労少なくして功大きな取り組みなどを紹介したいと思います。

　話は、2000年3月に遡ります。

　東京都世田谷区羽根木に自宅が竣工しました（**写真**）。ここは私が大学生まで暮らした実家のあった所で、借地でした。地主さんから自宅を建てたいので、借地権を一部の所有権に変換、残地を返してくれないかとの話があり、古い家を取り壊して狭くなった土地に建て直すことにしました。住んでいた両親のほか、官舎住まいだった私と家族も住むことにして、家屋の建築費はすべて私が賄うことにしました。物理的に言えば二世帯住宅の新築ですが、せっかくのまたとない建築の機会です。私としては、環境屋としての自分の仕事にとっても有意義な成果を生む住宅として建築しようと決めていました。そこで、当時のフルコースとなるほどの環境対策を施したエコハウスとしたのです。

　この家の建築のいきさつや新築後5年間に起きたこと、そして狙った環境対策上の効果か果たしてどうだったかなどは、「木楽舎」がソトコト新書として出版した

羽根木エコハウスの南面

『エコハウス私論─建てて住む。サスティナブルに暮らす家』にかなり詳しく紹介しました。エコハウスにご関心の向きはぜひ目を通してみてください。この小冊子では、ディテールは省き、新築後20年間の問題や成果を概観しながら、エネルギー使いの主人公になる上でエコハウスがどう役に立つのかを説明したいと思います。

　まず、新築前の両親世帯と官舎住まいだった私の一家がそれぞれ使っていた電気、ガス、水道の量を、CO_2排出量に換算して合算したものを出発点として、この21年間でどこまで減ったのかを鳥瞰的に見てみましょう（下図）。なお、電気やガス、水の消費量をどうやってCO_2に換算するかについては、後で説明します。

羽根木エエコハウス21年間のCO_2削減の推移

（注）
1. 電力量をCO_2に換算する係数は1999年のものに固定
2. 2015年からは暦年のデータ
3. 2014、15年と17、18年は居住人員が少なかった
4. 20年の増加はコロナ禍によるスティホームの影響がある

エコハウスに建て替えたとたんに、CO_2の量で測った環境への悪影響の度合いは、およそ35%減りました。そして、それで終わりでなく、建て替え直後のCO_2排出量を出発点とすると、今日までにさらに約63%減らしました。建て替え前に比べると、今日の排出量は25%ほどに過ぎません。漫然と発電所につながり、受け身でエネルギーなどを使って過ごすことに比べて、個人の努力によって環境へ与える悪さを75%も減らせたのです。私は環境を仕事にしている人間ですが、「おお、やれば結構できるものだ」というのが率直な感想です。

　さらに詳しく見ると、全体の75%の削減量のうち、最初の35%分はエコハウスという器の力で稼ぎ、残りの40%分は器の中に置く設備の改善などの部分的な改良で稼いだことになります。エコハウスでなければできないことはあり、またその効果も極めて大きいのですが、一方で、地道な改善、例えば家電の最新型への買い替えなどで得られる効果を積み重ねていくとすごく大きくなることも分かります。

どんな建物ならエコなのか？

　エコハウスを新築した成果とは何でしょうか。言い換えれば、エコハウスでなければなかなかできないこと、エコハウスであってこそ取り組みやすいことは何なのかを考えてみましょう。

　まずは、壁や屋根下部分の断熱性能を高めることがあります。また、窓枠として断熱型のものを使ったり、夏はなるべく直射光を入れず、冬は逆に陽光を取り入れる窓やひさしの設計などをしたり、といった躯体に係わることは新築時の方がやりやすいのです。太陽光発電パネル（太陽光パネル）も、既築の建物に取り付けることはもちろんできますが、新築時であれば屋根一体型のパネルを使うこともできますし、パネルを向ける方位や角度も良いものにできましょう。もちろん、こう

した取り組みを、建物が建ってから行うこともできますが、工事中に不便があったり、割高になったりする難点があります。

　さて、我が羽根木エコハウスでは、普通の家と違ったどのようなしつらえが、前述した初期の35％削減に効いたのでしょうか。

　これは、仮定の話ですのでシミュレーションをして調べるしかありません。羽根木エコハウスは、基本はOMソーラーという技術を使っています。太陽熱を冬季に床暖房に使い、暖房が要らない時期にはお湯取りに使うものです。高名な建築家で東京芸術大学建築学科教授の奥村昭雄氏（故人）が中心になって開発した技術で、自然の力を賢明に使って快適な屋内空間を作ります。このOMソーラーの技術を継承し、発展させているOMソーラー株式会社（本社・静岡県浜松市）は、家屋性能のどのような項目がどれだけの省エネにつながっているかをシミュレーションすることができ（他のハウスメーカーや大きな工務店でもそうしたサービスをしています）、我が家についても省エネ効果を予測してもらいました〈注〉。

　CO_2削減への一番大きな寄与は、高い断熱性能によります。断熱性能が良いと、暖房や冷房の効きが良くなり、エアコンやガス暖房機などを使わないでもすみます。

　話がやや脱線しますが、家の断熱性能〈注〉は以前はQ値、今はより実態に即したUa値で示します。発想としては、外気に触れている建物の表面から一定の時間にどれだけの熱が逃げていくか、の指標です。ですので、数字が大きいほど断熱性能が悪いことを示しています。この羽根木エコハウスの建築をどこの

※エコハウス新築による省エネ予測の内訳（CO_2削減量を100とした場合の割合）＝高断熱による暖房削減（31.9％）、太陽光発電（27.5％）、太陽熱床暖房による暖房削減（24.3％）、太陽熱による給湯（11.2％）、高断熱による冷房削減（1％）、インバーター蛍光灯（0.1％）、節水（0.1％）、その他（0.9％）

※断熱性能：以前はQ値、今はUa値で表示されることが多い。室内から外部に逃げていく熱損失量（W）を床面積を分母として計算したものがQ値、表面積全体を分母にしたものがUa値

工務店に頼もうかと考えて、いくつかのハウスメーカーに声を掛けてみた際に、「Q値がどのくらいで建物を建てられますか」と質問しても、即答できた営業マンはいませんでした。時代が進歩した今では、環境性能の良さを売りにする企業や工務店はたくさんあります。ですので、20年前の私のような経験をすることは読者の皆さんはないと思います。しかし、もし皆さまが、相手をしてくださる営業マンの環境知識を確かめたかったら、あなたの会社が建てる建物のUa値はいくらくらいですか、と聞いてみてください。0.3とか、0.4くらいの数字が言えれば、優れた環境技術を持ち、社員の教育もしっかりした会社と分かるでしょう。ちなみに、我が羽根木エコハウス建設時では、断熱性能の表示はQ値でした。我が家は2.0という値で、これは、東京地域で当時期待されていた断熱性の家に比べて、さらに25％くらい熱を通さない高性能で、青森県のような寒い地域で家を建てる時に推奨されていた断熱性です。断熱性を高めるには、気密性を高めたり結露対策をしたりと、下ごしらえに手間が要りますが、要するに屋根下や壁に、断熱材を多く入れればよいだけですので、費用対効果はとても高い取り組みです。新築の機会があればぜひ力を入れてください（もちろん、リノベーションでもできます）。

　話を元に戻しましょう。エコハウスとしての仕掛けのうち、CO_2削減に関して断熱に次いで貢献が大きかったのは太陽熱床暖房です。そのおかげで通常の暖房に頼るところが減らせているのです。また、太陽熱で給湯もできるので、湯沸かし器をそんなに使わなくてもすむようになったこともCO_2削減に大きく寄与しました。床暖房と給湯という2通りの太陽熱利用を合算すると、断熱による貢献以上のCO_2削減を太陽熱がしていることになります。

　あれ、太陽光発電はしなかったのかな、といぶかしく思われるかもしれません。我が家ではエコハウスと胸を張る以上、太陽光発電もしてはいるのですが、効率

良く太陽熱を取ることを優先し、陽光にあふれた南向き屋根は太陽熱の集熱パネルに使い、太陽光発電は北屋根に無理やり張ったのです。そのせいで、発電の効率は、南向きに張ったお宅に比べて4割程度劣るものになりました。そうした結果、CO_2削減への寄与としては我が家の場合、太陽光発電は高断熱や太陽熱利用よりも見劣りするものになってしまいました。建て詰まった東京の住宅地では、住宅は部屋を縦に重ねて小さな屋根の家になってしまいますが、郊外や地方にお家をお持ちの方は、我が羽根木エコハウスのシミュレーション結果を見て、太陽光発電を見くびらないでください。南向きの広い屋根に設置できれば、こんなに頼りになる設備はないとも言えます。値段は200万円弱くらいでしょうか。自家用車を即金で買うのと同じような負担ですが、車はガソリンを買い足して入れないと走りません。しかし、太陽光太陽光パネルは、何もあげなくともせっせと20年以上も電気をタダで作り出しつづけるのです。それに、災害で停電しても安心です。太陽光発電だけではありません。エコハウスには、いろいろな「お得」がついてきます。これについては第3章で詳しく述べますので、今は楽しみにお待ちください。

　以上のような新築時の取り組みで、羽根木エコハウスは同じ間取りで同様な家族が暮らす普通の家に比べて、シミュレーション上は約40%もCO_2排出量の少ない家として建築されたのです。

エコハウスで暮らして分かった大事なこと

　さて、この小冊子は市民が普通の暮らしを営む中で、エネルギー使いの主体性を高めていくことが狙いです。ですので、エコハウスを通じて日常の暮らしでのエネルギーの使い方について発見できたことをもう少し詳しく掘り下げ、皆さんと

共有したいと思います。

　まず、第一に得心したことは、自然のエネルギーは莫大だということです。

　皆さんは、およそ100万kW能力の原子力発電所1つが生み出す電力を太陽光発電で作ろうと思うと、東京の山手線内側の面積全部に発電パネルを敷き詰めなければいけなくなる、といった話をお聞きになったことがあるでしょう。そして、太陽のエネルギーは、密度が薄いし、気まぐれだから、頼りにならないな、と思ったかもしれません。けれども、普通の家一軒の暮らしを支える程度であれば、自然のエネルギーは十分にあるのです。

　羽根木エコハウスの底地は約110㎡、冒頭に申し上げたような経緯で地主さんに借地の半分くらいをお返ししたので、建て詰まっている東京の宅地の中にあっても決して広い土地ではありません。しかし、びっくりです。そこに年間降り注ぐ太陽光、そして太陽熱のエネルギーを、理科年表の数字を使って計算すると約460GJ（ギガジュール〈注〉）となり、それは我が羽根木エコハウスで年間に使う電力とガスを熱量で合算した値の約25GJの、なんと20倍近くなのです。もちろん、太陽のエネルギーを全部つかまえて家で使うことはできません。例えば、今の太陽光パネルの発電効率はとても良いものでも20%程度です。しかし、自然のエネルギーで家庭の暮らしをかなりの程度賄うのは、決して手が届かない話ではないことを私は体感しました。

　水にも触れましょう。水とエネルギーの間には深い関係があることをこの章の最後の方で説明しますが、今は、東京のたった110㎡の土地が受ける年間降水量が、我が家で使う上水量より多い、ということだけ申し上げます。自然には、すごく大きな恩恵を家庭に与える力があるのです。

　第二に分かったことは、ご家庭がエネルギーの良い使い手になる上では、省

※ジュール（J）：エネルギー、仕事、熱量、電力量の単位。1ジュールの仕事を1秒間行うと1Wの仕事をしたことになる。3.6MJが、1kWの電力を1時間（3600秒）使った1kWhに相当するので、文中の460GJは約128MWhになる（メガは100万倍、ギガは10億倍）

エネが最善手である、ということです。自然のエネルギーがたくさんあると言っても限りがあります。野放図にエネルギーを浪費していては、限りある自然のエネルギーでは賄えません。省エネをすれば、自然のエネルギーで賄える割合が加速度的に高まるのです。我が家のこの20年の実践の中で、エコハウス新築後でも、CO_2量で見て63％の削減をした、その原動力は、自然のエネルギーの獲得量を増やしたのではなく、ほとんどすべてが省エネの結果でした。省エネリノベーションのさらに詳細な考察は次章に譲るとして、ここでは、省エネには極めて大きな可能性がある、ということを記しておきます。

　第三に分かったことは、省エネと自然のエネルギーの活用とを組み合わせて行うと、環境への悪影響の指標であるCO_2の排出量は、相乗的に減るということです。CO_2の量は、下図のように、使ったエネルギーの量に、その使ったエネルギーが含む炭素の量を掛け算して求めます。仮に、省エネで家のエネルギー消費を半分にし、さらに、家で使うエネルギーの半分を自分で太陽光発電する電気に置き換えたとすると、地球への悪さの大小を示すCO_2量では、75％も減ってしまうのです。つまり、省エネした結果、自然のエネルギーで賄える割合は自動的に増えるので、CO_2の削減は加速度的に進むのです。なんて幸せな、うれしい話でしょう。

太陽熱利用について知っておきたいこと

　家庭でのエネルギー使いに詳しくなりたいと思われている読者の皆さんは、省エネでは満足せず、再生可能エネルギーの取り入れ、いわゆる創エネにも取り組もうと考えていらっしゃるに違いありません。そこで、小冊子ではありますが、そ

CO_2量の計算式

$$\boxed{\text{エネルギー需要量}} \times \boxed{\text{エネルギーの炭素密度}} = \boxed{CO_2\text{排出量}}$$

の時に役立つ情報を以下に盛り込んでみました。少し細かくなりますが、太陽熱利用と太陽光発電について、私の経験を説明しましょう。

まず、太陽熱です。これは、降ってくるエネルギーの捕捉率としては、太陽光発電よりも効率が良いものです。極端に寒くはない地域であれば水を直接に太陽光で温めるような、ローテクの太陽熱温水器でも十分役に立ちますし、最近ではつかまえた熱を失わないように真空で断熱をして、効率的に熱として貯めこむ進化した仕組みもあります。

我が家のシステムは、すでに説明しましたOM式というもので、暖かい空気を屋根下で生み出し、それを押し込みファンの力で一階の床下にまで運んで床暖房に使うほか、お湯を作るのに使う仕組みです。床暖房が不要な中間期（春・秋）や夏季にはお湯を作るのに集中します。熱を運ぶ媒体は、基本は空気自体で、お湯取りのためには、屋根下と貯湯槽との間を不凍液を混ぜた温水が循環するのです。屋根の温度が計測できるようになっていますが、真夏の日中はそれこそ100℃を超えるような温度になり、貯湯槽には、55℃・300ℓのお湯がたちまち貯まり、とても使い切れません（バスタブは通常180ℓとか200ℓです）。

では、天気の悪い日はどうするんだ、と疑問が湧いてきますよね。実は貯湯槽のお湯が何℃であれ、お湯はまずは湯沸かし器の中を通り、所定の、例えば42℃といった温度にされます。それより貯湯槽のお湯の温度が高ければ湯沸かし器は働かずに素通りして、蛇口でサーモスタットが水を混ぜて42℃にしてしまいます。ですので、お湯を使っている方からすると、天気の良い悪いはまったく気になることはなく、お湯が使えます。この、太陽熱給湯の仕組みを湯沸かし器と直列に組み合わせる仕掛けはポピュラーなもので、いろいろなメーカーが取り扱っています。ところで、太陽熱の空気暖房の場合は、屋根下暖気を加熱する仕組

みが我が家にはないので、残念ながら、床暖房だけでは不十分な暖房は、通常のエアコンを使って補うことになります。それでも、エアコンを使う時間が少なくなるので、省エネになります。より進化した仕組みとしては、床暖房も太陽熱で温めた温水で行う方法があります。これですと、さっき申し上げた湯沸かし器と直列に使うことができ、天気の良い悪いに全く気付くことなく省エネもできます。

　データで見てみましょう。

　まず、太陽熱床暖房の効果です。下図は、少し古いのですが2008年の真冬に実測してみた結果です。実際に床下に持ち込まれた熱量を、風量と温度から日ごとに実測した結果によると、暖房に必要な熱量（これは、外気温によって変化します）のうち、晴れの日では30%ほどが太陽熱によって賄われた計算になりました。しかし、曇天や雨の日では、寄与はほとんどゼロです。空気を熱媒体とし

太陽熱床暖房の効果（冬季）

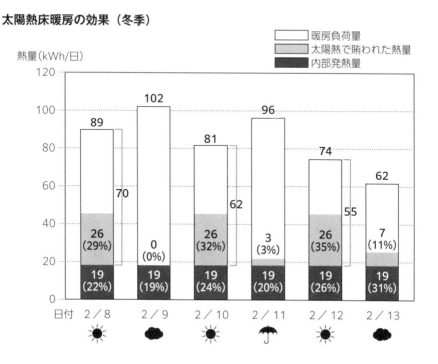

て太陽熱で床暖房するという、比較的にプリミティブな技術でも結構いけるじゃないか、というのが私の感想です。特に太平洋側は、暖房が必要な冬に好天が多いので、使い勝手が良いものと期待できます。

　次に、太陽熱給湯のパフォーマンスを見ます。下図は給湯への太陽熱の貢献度を、2008年12月から翌年11月まで月ベースで見た推定値です。毎月の水道の使用量と水温を使ってお湯づくりに必要なはずの熱量を計算し、そこからガス消費量から計算したガスによる加熱熱量を引き算し、その差が太陽熱で賄われたのではないかとのロジックで、太陽熱の貢献度合いを求めたものです。夏の暑い時期では75％程度が太陽熱で賄われ、冬でも30％程度は役立っているとの推計になりました。暑い日・寒い日、晴れの日・雨の日といろいろありますが、通算してみればガス消費量を40％ほど減らすことができたのではないかと推計できました。お湯の場合、湯沸かし器と直列で太陽熱の温水が使われるので、使い手には天気の良し悪しに関係なく便利にお湯が使えます。ですので、前述した床暖房

給湯への太陽光の貢献率（通年、月別）

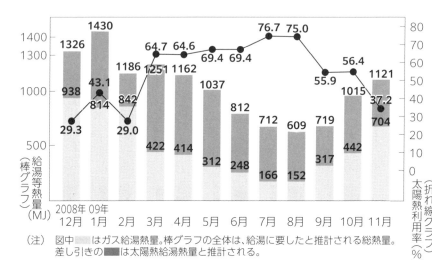

（注）　図中▨はガス給湯熱量。棒グラフの全体は、給湯に要したと推計される総熱量。
　　　　差し引きの▨は太陽熱給湯熱量と推計される。

20

も温風ではなく、太陽熱起源のお湯を床下に回す仕組みの方が、とぎれのない暖房サービスを提供できるのではないかとも考えられました。これからエコハウスを新築する方は、検討してみていただく価値があるのではないでしょうか。

太陽光発電で体験したこと

次に太陽光発電の成果や課題を見てみましょう。

まず、我が家の失敗覚悟の取り組みの評価です。私は、仕事柄、フルコースの環境対策を実践してみたくて、北屋根にわざわざ太陽光発電パネルを張りました。それは、北側斜線制限目いっぱいに家を建てて、二世帯住宅用の床面積を稼いだために北屋根が広くなり、南屋根が狭くなってしまったためです。狭い南屋根は直射光が必須の熱取りに使い、発電は北屋根に行くしかなかったので

太陽光発電の季節変化（南屋根と北屋根）

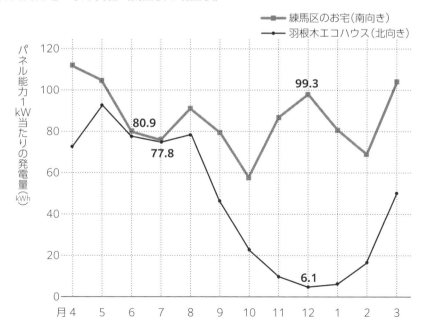

す。南向きが発電に良いのは当たり前ですが、北側に張るとどのくらい発電できなくなるのか、その珍しいデータを提供できるのが我が羽根木エコハウスです。

　そんなことに胸を張ってもしょうがありません。結論から言えば、発電量は4割以上損をしました。東京の日射条件・天気では1kWの太陽光パネルは年間、平均的に1000 kWhの電気を生むとされています。前ページの図は我が家と、少し北の練馬区にあるお宅の南向きに張ったパネルの同じ年の発電実績を月ごとに比べたものです（1kW当たりに換算）。夏は、北に張った我が家のパネルも南向けのパネルと比べ遜色ないほど発電しますが、冬季には我が家はまったくだめになります。このため通年では練馬区のお宅の発電実績が1052 kWhだったのに対し、我が家は563 kWhで4割以上も負けてしまいました。もし、南の屋根をお持ちなら、我が家のような冒険をせず、南の屋根にパネルを張ってください。

　なお、北屋根にパネルを張ると生じる問題点がもう一つあります。それは、北側に隣接するお宅の、おそらくは広い窓などがある南の壁面に太陽光パネルの反射光が行ってしまう問題です。近隣のトラブルになりかねません。幸い我が家では、太陽光パネルがキラキラしていないアモルファス（非結晶型）のもので、見た目も黒っぽくて反射光が生じませんでした。しかし、光を反射する材質の物は避けた方が賢明です。

　それにしても、どの方角の屋根にも発電パネルを目いっぱい敷き詰めてたくさん発電したい、という方もいらっしゃいましょう。これは昔はできませんでしたが、技術が向上した今はできるようになりました。

　太陽光パネルでつくった直流の電気を家庭内で使うには交流に変換しなくてなりません。数枚のパネルをパワーコンデショナー〈注〉でまとめて、普通の配電線を流れる電力の周波数と同期し同じ電圧の、普通の配電線に流れる電力と同品

※パワーコンデショナー：直流を交流に変換すると同時に周波数や電圧を一定に保つ装置。パワコンと略称される

質の電力をつくります。しかし、パネルの向いた方向が違うと、それぞれのパネルから生まれる電力は同じ直流とはいえ電圧も電流量もそれぞれ異なり、これを単純に足し合わせても効率的に交流電力には変換できません。足し算するためにはそれぞれ方向別に交流に直す装置（インバーター）を組み込むことが必要ですが、かつては一つのパワコンにせいぜい2つのインバーターしか組み込めなかったのです。それが今日では、装置が小型化され、発電パネルの一枚ごとに小型の装置（マイクロインバーター）がついている製品が出てきました。こうした物を使えば、あちこちに向いた多数の太陽光パネルから、全体として効率的に、交流電力を得ることができます。我が家ではもう空いている屋根がないので、実行できませんが、耳学問の情報としてお伝えします。

　せっかくつけるなら南屋根に、ということのほか、羽根木エコハウスの経験から言えることがもう一点あります。それは取り付け工事の品質が大事だということです。

　我が家では、新築一年目、北からの強い風雨があるようなケース（台風が南から東京を直撃するような場合）では、結構な雨漏りに見舞われました。原因診断に手間が掛かりましたが、結論的には北屋根の頂上の棟の笠木の下が防水されていなかったことが分かりました。太陽光パネルを取り付けた工務店と、一般的な屋根葺き工事をする屋根屋さんの間で、分担関係が不分明で、それぞれ相手が防水施工をやっているものと思い込んでいたのでした。太陽光発電がまだ珍しい頃の工事であったから起こったのでしょう。今はなさそうな話だと思いますが、他方、太陽光パネルの取り付け工事の件数が増えるにつれ、手抜き工事、例えば屋根に穴を開けてそこにパネルの土台を取り付け、穴は防水シール材でふさいでおく、といった簡便な工事をする業者もいると聞きます。シール材は何十年

も持つものではないので、そうしたことがないように注意することが大事でしょう。

　次に、私が太陽光パネルを使っていて実感したことで、良かったことを述べてみましょう。それは、パネルは長持ちしてずっとよく働いてくれる、ということです。

　我が家のものは、すでにこの分野から撤退したキャノン製でしたが、20年保証がついていて実際きちんと管理をしてくれました。年々の発電量は天候、すなわち日射量で異なりますが、単純に日射量当たりの発電量を指標として使うと、気づかされるほどの経年劣化は見られませんでした。もちろん、パネル自体は劣化しますのでメンテナンスはしないといけません。我が家では、メンテナンスとしては、メーカーから委託された専門業者がいらして、表面に傷があって、将来、水がパネル内部に染み込みそうな個所には、メンディングパッチのようなものを貼って保護をしてくれたりしました。また、すでに水が染み始めた個所については、その箇所だけパネルを外して、配線を次のパネルへスキップさせる工事をしてくれました（**写真**）。おかげで、発電総量は最近の10年を見ても特に不満を感じる減少はなく推移しています。そうした点で、このようなメンテをしてくれる企業の製品を選んで良かったな、と強く感じてはいます。我が家の他のメンテナンスでは、パワコンが、メーカーからリコールされました。他のお宅で、発煙する事故があったとい

太陽光パネルのメンテナンス工事

うことです。パワコンは家電並みの寿命で生産されていますので、我が家の場合は、近々交換する事態になってもいた致し方ないかな、と認識しています。

　私の家のケースを離れて、この際、太陽光発電をするときの注意点に触れてみたいと思います。

　太陽光発電をしているお宅が会員になっている全国団体があります。それは「太陽光発電所ネットワーク（略称・PVネット）」というNPOです。私はPVネットの発起人会員で今も評議員をしていますが、会員さんは2500人程度になっています。PVネットは太陽光発電に伴うトラブルにいつも目を光らせていて、会員とメーカーや施工業者さんの間に立って、トラブル解決に努めています。そこでは、メーカー保証を受けていないパネル、そして私のように保証期間を過ぎたパネルなどに対して自主的な"健康診断"を、有償でしてくれたりもします。同ネットに聞きますと、我が家でもあったような据え付け工事の不良はよく見られるトラブルであるようです。また、性能が他のお宅よりも速く劣化してしまうパネルもあるようで、いわば製造上の瑕疵があるケースもないわけではないようです。災害時にパネルが発電してくれるのはありがたいのですが、そうした自立運転への切り替え動作を知らない人も多いようです。もったいないですね。特に、激甚災害で家屋が発電パネルともども壊れてしまった場合で、パネルが発電を続けているため救援活動で感電事故が起きる懸念もあって、激甚災害時の太陽光パネルの適正な取り扱いは一つの課題であるとのことです。そして、長期的には劣化したパネルの回収や再生利用あるいは適正処分の問題が大きな課題になるだろう、としていました。太陽光発電のオーナーになるのは良いことですが、さらにこうした問題点にも関心を払い、対処してこそ、エネルギーの上級使い手と言えましょう。

電気の出す CO_2 とは？水道が出す CO_2 とは？

　さて、ここまで電気やガス、さらには水道を使ってもCO_2が出てくるという前提で、節電などの話をしました。しかし、ガスを使って調理したり暖房すればCO_2が出るのは分かるが、電気を使うだけでなぜCO_2が出るのか、また水を使うとCO_2が出るなんてもっと分からない、と思われるのではないでしょうか。もっともな疑問です。この点を掘り下げて考えておくことで、私たちは、もう一歩、エネルギー使いの巧者になれます。ちょっと付き合ってください、

　さて、分かりやすいガスの場合です。都市ガスは成分のメタンが燃えて、炭素が酸化されてCO_2になり、水素は酸化されて水になります。このCO_2をとらえて、地球温暖化に対する悪さの指標とします。東京近辺のご家庭であれば、都市ガス1㎥を燃やすと2.21kgのCO_2が出ます。

東京電力エナジーパートナー社の CO_2 排出量・排出原単位と販売電力量

（注）東京電力エナジーパートナー社のホームページより転載

　電気についてみると、東京周辺で電力をご家庭向きに小売りしている東京電力エナジーパートナー社は左の図のように、1kWhの電力を使うことは0.441kgのCO$_2$を出すことになる（2019年度の場合）と公表しています（同社が勝手に主張しているのでなく、国も確認した数値です）。これが電力のCO$_2$排出係数です。図では排出原単位（調整後）になります。皆さんの家に毎月通知される電気料金の請求書にある消費した電力量のkWhの数字に、この係数をかけると、皆さんの家の電力消費に伴い、皆さんに帰属するCO$_2$量が計算できます。

　皆さんの家の家電からCO$_2$は出ないのに、一体この係数は、何によって決められているのでしょうか。この係数は、電力を販売している企業ごとに異なっている電源構成を反映しているのです。グラフを見ると分かりますが、最近では2010年度を底にして、この係数は急速に悪く（CO$_2$を多く出す方向に）なりました。その背景には、福島の原発事故をきっかけに原発が止められ、その穴埋めに石炭火力に頼るところが大きくなったからです。水力発電や風力発電、太陽光発電などは発電段階でCO$_2$は基本的に出しません。天然ガスを燃やす発電はCO$_2$の排出量が比較的に少なく、新しい技術（高温の排ガスで羽根を回すガスタービンと、蒸気で回すタービンとを組み合わせたコンバインドサイクルと言われる技術）のものは、0.36kg/kWh程度の係数になっています。石炭火力では、最新鋭のもの（石炭をガス化させて高温で燃やすもの）でも0.75kg/kWhと、倍程度悪い数値です。一般のご家庭で使っている電力を供給するため、電力会社はいくつもの発電所を動かしていますが、そのそれぞれで出されるCO$_2$を合算して、それを販売した電力量の総計で割ったものが、さきほどの排出係数になるのです。

　水道の消費に伴うCO$_2$の排出量（水道のCO$_2$排出係数）も電力の場合と同じように考えることができます。つまり、ダムや河川から水を浄水場に運び、そこで

曝気して有機物を分解する微生物を活性化、汚物を沈降させてろ過したりしますが、ここで電気を使います。さらにきれいになった水は配水施設に運ばれてそこで、ポンプで圧力を掛けて各家庭にまでいきわたるようにします。ここでも電気が使われます。水道は、電気自体と同様に、エネルギーを消費して得られる製品なのです。東京都水道局の発表によると、1㎥の上水道を家庭に届けるには、上水の製造や配水などに0.27kgのCO_2が出ているそうです（2018年の数値）。さらに、家から生じた下水は、下水処理場で処理しないと川や海には戻せません。上水を作る時同じようなプロセスでの処理の過程で、下水1㎥当たりなんと0.40kgのCO_2 が出されています（2020年の計画上の数値）。電気やガスと比べてみると、同じ料金1000円の水（上下水）と電気やガスとでは、それぞれおよそ3.0kg、15.2kg、そして15.3kgのCO_2を出します。水消費からのCO_2排出も決してあなどれないのです。

　ついでですが、水についてもう一つぜひ言いたいことがあります。それは、石炭や石油、天然ガスは、太古の地球の活動のいわば貯金でできていますが、水はダムや川の上流で雨として降ってくれて、私たちが使えているのは、エネルギーの貯金の結果ではなくて、地球の今の活動のおかげなのです。つまり、太陽の熱が海から水分を蒸発させてきれいな水蒸気を作り、山の方まで風が運んでくれて雨として凝結して降ってくる、このプロセスは、太陽の力で駆動しています。水は自然のエネルギー〈注〉の化身なのです。なのに、このプロセスが人為によって急速に進む温暖化によって相当にいびつな状態になりつつあります。降る時は降り過ぎて洪水になって流れてしまい、降らない時は、暑いこともあってどんどん蒸発してしまいます。そうです、人が使える水資源がこのままでは減っていってしまうのです。節水は、節電と違って、二重に大事だと私は思っています。地球

※自然のエネルギーのうち、生態系などへの負担が大きい大規模水力発電を除いたものを厳密には再生可能エネルギーということになっている。本冊子の以降では再生可能エネルギーと表記する

温暖化を直接防ぐだけでなく、水資源の枯渇という温暖化被害の克服にも役立つからです。節水はエネルギー使い上級者の決め技の一つです。その方法については、次の2章で見てみましょう。

　本題に戻ります。排出係数と言うと、無味乾燥な数値の羅列ですが、私たちにとっては、どうせエネルギーを使うなら、この数値の小さなものを選んで使うのが賢い選択となるのです。もっとも、私たちがエネルギーを選べるか、どんなエネルギーも自由に買えるのか、という問題はありますね。そこは次の章で考えましょう。

　この章の復習として、16、17ページで述べたことを繰り返します。省エネと再生可能エネルギーの利用割合とはウィンウィンの関係にあるので、節電が大事なこと、そして、再生可能エネルギーを増やす取り組みと組み合わせられれば、なお上出来なことを忘れないでください。この点は、一つのご家庭でもそのとおりですが、社会全体でもそうです。26ページの東京電力エナジーパートナー社の排出係数の推移のグラフでも、総販売電力量の低減とともに排出係数は減っています。これは、日本中で再生可能エネルギーをなるべく使おうという方針があって、電力を供給しなくてよくなった分は、非効率な火力発電所を使わなくするなどで対応しているからです。皆さんの断熱、省エネそして節電が、世の中を掛け算で変えて、他の人にも利益が及ぶ。すばらしいことです。

第2章

今住んでいる家で
できること

ここまでは、家を新築する場合に一緒に行うのが良い取り組みを紹介してきました。しかし、我が羽根木エコハウスでの排出量の推移でも明らかなように、フルコースのエコハウスであっても、CO_2をもっと減らす算段がたくさんあったのです。言い換えれば、今住んでいる家を建て替えなくても、エネルギー使いの上級者になれるのです。さて、その方法にはどんなものがあるかを、苦労した点も含めてご披露します。なお、リノベーションの手法は以下に掲げたものよりもっともっとたくさんあります。この点にご関心のある方は、木楽舎から刊行予定の『グリーン・リノベーション…自然の恵みで家をリ・デザイン』（仮題）をぜひご参照ください。羽根木エコハウスで行った様々なリノベーションを網羅的に取り上げているほか、建築家や設備の専門家、エネルギーの専門家との共著なので、羽根木エコハウス以外のいろいろな魅力的な取り組みが集大成されています。

きれいな電気を売ってくれる電力会社の選択

　前の方のページで書きましたように、再生可能エネルギーを選ぶことで、私たちは地球の温暖化を防ぐ役割を果たせます。家庭の購入する電気に関しては2016年から電力会社を選択できるようになりました。大企業相手に始まった電力の小売り自由化が家庭のような小規模ユーザーにも及んできたからです。

　羽根木エコハウスでもさっそく同年4月から、新電力会社から電力購入をすることとしました。メーターも、それまでのアナログ式のものからデジタル式の、いわゆるスマートメーターにすぐに変更され、新電力会社に我が家の電力消費データがリアルタイムで転送される手はずも整えられました。契約のお相手は、固有名詞を避けていると記述が歯がゆくなるので名前を出します。「みんな電力」（本社・世田谷区）という会社です。この会社は、キャッチフレーズ的には「顔の見

える電力」と称していて、数多くの小・中規模の再生可能エネルギー電源から電力を仕入れ、電源をグリーン化した上で、小売りに当たっては電気の消費者と電源とのつながりを見える化していくことを基本としています。夜間のように、太陽光発電所からの電力では供給できない時も風力発電所や木質バイオマス発電所〈注〉からの電力を仕入れて供給してくれますので、全体として、CO_2排出係数は低くなることが期待できます。そのことに加え、私のような電力の消費者が、えこひいきしたい（いや、応援したい）電源を選んでよく、そうした応援の気持ちを集めて、電源には少し上乗せの金額が払われる仕組みを取っています。ちなみに、私個人としては東京・多摩地区の牧場に太陽光発電を置いている発電者を応援しています。電力に色はないので、仮想的にはなりますが、我が家の電力は、原発でもどこかの石炭火力発電所でもなく、この多摩の酪農家から送られていると思い込めるのです。この会社の電力ビジネスには、他にもいろいろユニークな工夫があって再生可能エネルギーの活用拡大に貢献しています。このため2020年度の「ジャパンSDGsアワード本部長（内閣総理大臣）賞」を授与されました。SDGsは持続可能な開発目標の英語の略称です。ご存知と思いますが、国連が全世界の合意の下で定めたもので、持続可能な開発の在り方を具体的に示した目標群です。エネルギーについては、目標7として「エネルギーをみんなに、そしてクリーンに」が掲げられ、その達成状況をモニターするターゲット指標の一つに、再生可能エネルギーのシェアの飛躍的な拡大が置かれています。この目標の達成に向け、ビジネスのユニークな作りこみで貢献しているのが同社で、初期の頃からのお客の一人として受賞は私もうれしく思いました。

　再生可能エネルギー起源の電力を仕入れて小売りすることに力を入れている会社はみんな電力に限りません。排出係数ゼロという、CO_2を全く出さない電力

※木質バイオマス発電所：空気中の CO_2 を光合成で吸収して育った木材を燃料として使うので、吸収と排出による CO_2 のプラス・マイナスはゼロと計算する。カーボンニュートラルの発電とも言う。ただ、森林が CO_2 を吸収するスピードより木材を燃やすスピードが速いと、CO_2排出量の方が多くなる、との批判はある

供給メニューを持つ会社も数多くあります。そうした電力を買う方は、kWhで測る電力消費量がいくら大きくても計算上はCO₂の排出量はゼロとなり、地球に悪さをしていないことになります。でも、何度も言いますが、再生可能エネルギーの総量には限りがありますし、こちら側のお財布の負担能力にも限りがありますから、節電はしなくてはなりません。皆さんにはぜひ、節電をした上で、少しでも排出係数の低い電力を買っていただくことで、エネルギーの賢い使い手になっていただきたい、と思います。そうすれば、皆さんのお宅のコンセントの先を石炭火力発電所などから、太陽光発電所や風力発電所につなぎ換えることができるのですから。

　ところで、少し戻った26ページの「CO₂排出量・排出原単位と販売電力量」のグラフを見てもいろいろと分からないことがあると思います。エネルギー使いの超上級者を目指そうという方は私の話にもうちょっと付き合ってください。

　まず、排出係数には基礎排出係数と調整後排出係数（事業者全体）の2種類があるのです。基礎排出係数とは、その小売企業が仕入れた電源ごとの排出係数にその電源から仕入れた量を乗じて、その結果得られるCO₂排出量をすべて足し算し、さらに総販売電力量で割った値です。その小売企業の売った電気の排出係数の総平均みたいなものです。みんな電力の2019年度の場合は、0.234kg -CO₂/kWhでした。電気の仕入れ先を太陽光発電所などにするよう注力しているので、理解できます。東京で圧倒的な販売シェアの東京電力エナジーパートナー社は、同じく0.457kg-CO₂/kWhとなっています。

　しかし、調整後排出係数（事業者全体）というのを見ると、その差はぐっと縮まって、順に0.455 kg-CO₂/kWhと0.441kkg-CO₂/kWh になります。みんな電力は0.234から0.455へ大きく増えた一方、東京電力エナジーパートナー社のものは0.457から0.441へと少し減りました。この「調整後」とは何を意味するのでしょ

う。実は、みんな電力が電気を仕入れている電源の多くは、再生可能エネルギー固定価格買取制度（FIT）によって、高い値段で電気を売ることが保証されている発電所なのです。こうした発電所からの電力は、発電時にCO₂を出さないにもかかわらず、日本全体の電力の平均的な排出係数でCO₂を出したものと、わざわざみなして、その排出量を増やしてしまう、という計算ルールになっているのです。ややこしくてすみません。なぜかと言えば、発電事業者が太陽光発電などに乗り出しやすくするため、FITでは普通の電気よりも高い単価で一定の期間は必ず、太陽光発電などによる電力を買い上げることになっているのです。この高い価格の電力の購入費用は、ほとんどすべての電力消費者に対して消費量に応じて広く割りかけた「再生可能エネルギー発電促進賦課金」（賦課金）で賄われていることから、排出係数がゼロとなる電力は賦課金負担者全員のものとするべきだ、という考え方からです。

　これは、国（経済産業省）が定めたルールですので仕方がないと思う一方、私としては少し変だなとも思います。私が選んだ新電力会社がFITの下にある再生可能エネルギー起源の電源から電力を調達しても、あるいは全然しなくても、私たち電力消費者は同じ排出係数の電力を買うしかないのです。電力小売り自由化をしても、そうしたことでは、小売り企業の間での競争は価格の競争ばかりになって、結果的には石炭火力が作る安い電力が闊歩することにもなりかねません。エネルギー使い上級者の皆さんにおかれては、安かろう悪かろうを避けるため、必ず小売り企業ごとの排出係数を参照して、安いが汚い電気を買わないように気を付けてください。

　私としては、FITは再生可能エネルギー電源を増やすのが目的の供給側の政策である以上、きれいな電力をどのように消費者に喜んで買ってもらい、そうした

電力への需要を増やすかは、別の需要側の政策として考えてもいいじゃないか、と考えます。少なくとも、FITで保証された価格に上乗せして支払っても再生可能エネルギーの電源を極力仕入れる努力を払っているような熱心な電力小売り企業には、本当であれば、その努力に応じた、排出係数上の利益があっていいように思うのです。まあしかし、そうしたことを認めない、つれないルールの下でも、調整後排出係数には、小売り企業ごとに若干の差があるにはあります。また、同じ企業でも排出係数の異なる電力を売るメニューを持っているところもあります。そうした差が生まれるのは、FITの下にない再生可能エネルギー起源の電源だってありますので、そこから電力を仕入れたり、あるいは、どこかで再生可能エネルギー起源の発電をしてそれを自家消費に使っている人がいて、その人が「自分はCO_2を出したことにしていいから、CO_2を出さない電力はあなたにあげたことに頭の中では思いましょう」と言って、いわば、CO_2ゼロの価値だけを売ってくれるのでそれ（環境価値証書と言います）を仕入れたり、といった仕組みを使って排出係数を下げているのです。例えば、東京電力エナジーパートナー社では、水力発電所をいくつか持っていますが、その電気だけを切り分けて販売し、アクア・プレミアムという排出係数ゼロの電力販売メニューを作っています。もちろん一部のメニューだけできれいな電力を売ると、その分、それ以外の販売電力の排出係数は増えることになります。世の中全体をクリーンなものにすることに手を貸したいと思われているはずの皆さんなら、いろいろなメニューを見比べて、期待する効果が生まれそうなメニューを選んでいただければと思います。そのうち、とっても安い（？）「原発のみメニュー」とか、少し高い「原発抜きメニュー」や「石炭火力抜きメニュー」とかも出てくるかもしれませんね。

　我が家のことにちょっと戻って、電力販売会社の選択の影響を見てみましょう。

11ページに掲載した羽根木エコハウスの約20年間のCO_2排出量の推移は、実はエコハウス新築前の1999年の東京電力（当時）の排出係数をずっと使って計算したものです。なぜかと言えば、2000年頃を境に、長い目では、排出係数が悪くなってきているからです。この悪くなった排出係数を使って我が家のCO_2排出量を計算すると、私が営々としておこなってきた節電、節ガス、節水などの省エネ努力の相当部分が、なくなる、いや勝手に奪われてしまうからです。もし仮に、電力会社が安い電力販売を目指してCO_2の排出増加には目をつぶるような経営方針だったとしても、それは私が頼んだことではありません。にもかかわらず、私

羽根木エコハウスの電力起源 CO_2 量への排出係数の影響

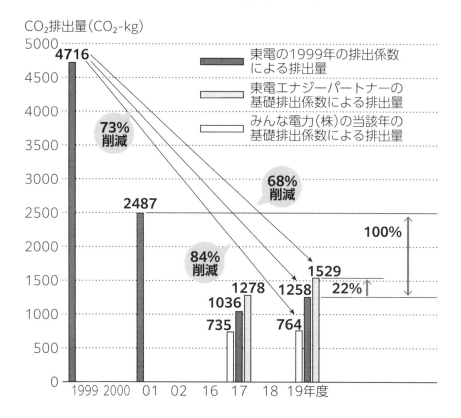

が削減したCO₂を会社に差し上げてしまうのは変です。そこで、私は自分の排出量を計算する時には、自分の努力が反映するよう、排出係数をずっと変えずにしているのです。もし、そうではなく、今の東電エナジーパートナー社の基礎排出係数、そして、購入先を切り替えたみんな電力の基礎排出係数を使って電力起源のCO₂排出量を試算してみますと、前ページの図の通りです。私の2000年以降のCO₂削減成果の5分の1以上は、排出係数の増加によって水の泡になってしまうのです。他方、みんな電力を選んだ効果を計算に入れると、羽根木エコハウスのCO₂削減率は建て替え前比80%以上になります。

なんてったって家電の買い替え

CO₂排出が少ないきれいなエネルギーを使うことは重要です。そのうち、水素を燃焼させた火力発電所の電気なども販売されるようになるでしょう。ガスだって、排出係数を消費者が選べるようになるかもしれません。（さきほどの電力の場合と同様に）ガス会社が何か別の事業を別の場所で行ってCO₂を削減して環境価値証書を発行、それを使ってCO₂の排出の少ない、あるいはゼロとして計算できる都市ガスを売るビジネスモデルが実際に出てきました。また地域は限られるでしょうが、水素混じりの都市ガス、あるいは100%水素ガスも供給されるようになるかもしれません。そうしたことが当たり前になるには、時間がまだかかりましょう。ですので、エネルギー使いの達人の歩むべき王道は、やはり省エネです。

家庭の省エネで最も有効な方法は、家電の最新型への買い替えです。

41ページに掲載した図は、羽根木エコハウスで家電の交代のたびに、その前後の電力消費量を実測して比較したものです。計測には、HEMS〈注〉という機器を使いました。

※ HEMS：Home Energy Management System の略称で、分電盤から各家電などに分かれて流れている電力をその流れごとに計測して、電力消費の大小や時間的な変化を把握し、節電などの材料を提供する装置。我が家のものは京セラ製

　図で明らかなように、すべての家電でその買い替えに伴って電力消費量が減っています。

　劇的なのは冷蔵庫です。多くの場合、冷蔵庫が家庭の電気機器の中では最も多くの電力を消費します。羽根木エコハウスでは、竣工当初はドイツAEG社の冷蔵庫を買いました。なぜかと言えば、2000年当時、ノンフロン冷媒の家庭用冷蔵庫には国産品がなかったからです。自動霜取りとか自動製氷とかはできなくて、冷蔵と冷凍に機能を絞った質実剛健なものでした。ですので、それなりの環境性能だったと思います。けれども、容量が小さく、子供が育ってたくさん食べるようになるとさすがに不便になりました。ちょうどそのころには国産のノンフロン冷媒の冷蔵庫が売られるようになりました。2004年に日立製の冷蔵庫に買い替えました。自動霜取り、自動製氷機能も付いています。そして容量は、321ℓから415ℓへと約3割増えました。にもかかわらず、月当たりの電力消費量は15%減りました。内容積当たりですと4割近い節電です。ところで驚いたことは、この買い替えの時だけではありません。この日立製の冷蔵庫も寄る年波には勝てず2019年の実測では、月80kWhの電力消費になってしまいました。そこで同年、また日立のノンフロン冷蔵庫に買い換えました。容量はさらに2割大きくなって501ℓです。しかし、消費電力の実測は、月25kWh程度で、年間の節電量では530kWhといった、我が家の近年の全電力消費を15%も減らす大きな節電効果を発揮しています。

　そのほかの電力大食いの機器としてはエアコンがあります。羽根木エコハウスでは、2000年の竣工時にガスエンジンで動くヒートポンプのエアコンを据え付けました。マルチエアコンで、1台の親機で6台の室内機を動かします。電気式のエアコンにしなかったのは、マルチ式ではガスエンジン駆動の方が、発電所での熱電変換効率までも考慮した場合の総体的な熱効率が多少はよかったこと、さら

に、ガスであれば、電力消費のピークに我が家がさらに輪を掛けてしまうことが避けられることなども考慮した結果です。しかし、店舗用など、家庭用よりも大きな機種ではガスエンジンのエアコンはその後も盛んに使われていますが、家庭用は、あまり売れなかったのか廃番になり、補修部品にも事欠くようになってきました。また、子機と親機をつなぐ熱媒管におそらく漏れがあり、エアコンが満足に動かなくなりました。そこで、2015年の暮れも押し詰まった頃に、思い切って電気駆動のマルチエアコンに買い換えたのです。カタログに示される成績係数（COP）〈注〉での単純な比較ですと買い替え前の1.0程度が、買い替え後では4.7に向上しました。理論上、冷暖房に要するエネルギーが21%強で済むことになります。実測でビフォー・アフターを見た右ページの図では、ガスと電気とでは投入エネルギーの種類が違うのでガスをその熱量から電気のkWhに換算して比較しました。COPの改善の裏返し（79%弱）よりもやや大きな、82%もの削減になりました（エアコン買い替えと同時に断熱性を強化する工事をしたので、その効果が加勢したものと思われます。後述参照）。この数値は、他に空調手段がないので省エネへの貢献を推定しやすい冷房シーズンだけの話ではありますが、160kWh/月に相当する省エネを意味します。エアコンや冷蔵庫の心臓部であるヒートポンプは日本のお家芸でもありますが、この15年くらいで大きな技術向上があったと言えましょう。

　新築後20年も経つと、ほとんどの家電が入れ替えになりました。そして必ず、買い替えによる節電を経験することができました。次ページの図に示したとおりです。

　ところで、この図には示せませんでしたが、照明のLED化による効果についても触れておきたいと思います。一つ一つのバルブの交換による絶対値としての節電効果は小さいので図には示しにくかったですが、たくさんの個所をLEDに替え

※成績係数：消費電力１単位当たりに室内外で動かすことのできるエネルギー量の倍数。数値が高いほど冷・暖房能力が高い。通常は３〜６が多い

るとその合計の効果はすごく大きいと言えます。そもそも、ご家庭のエネルギー消費全体の中で照明によるものは、合計するとおよそ13%を占めると言われていて、エアコンのシェアより大きく、冷蔵庫に迫るほどのエネルギーの大食漢なのです。我がエコハウスでは、照明だけを抜き出した実測ができていませんが、LED化の効果を推計することはできます。それは、2015年に、24か所の、日ごろよく使う照明をLEDに替えた時のことです。蛍光灯であったところを電球ソケットにしてそこに電球型のLEDを入れたりとか、直管型のLEDが入るよう高周波蛍光灯器具からインバーターを取り除いて直結配線に変えたり、といったことを行いました。電力消費が底値となる非空調月である4~6月の電力消費について見ると、15年は前年より10%以上（月平均の絶対量では20kWh程度）減りました。そして、16

羽根木エコハウスで実測した家電買替え効果

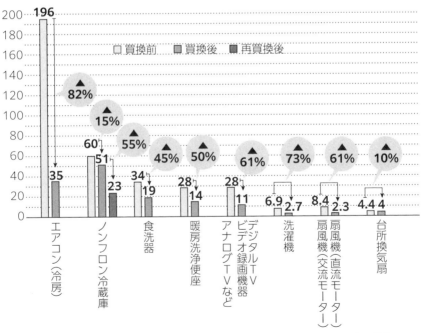

（注）買い替え前のエアコンはガスエンジン駆動のもの。ガス消費量を熱量で電気に換算した

年もそのままでした。前述した冷蔵庫買い替え効果の半分程度のインパクトがあったものと推計できます。

　買い替え効果の紹介は、エネルギー消費3巨頭（冷蔵庫、エアコン、照明）でとどめるとして、最後に、家電買い替えのテクニックをいくつか説明したいと思います。

　一つは、買い替えは計画的にするのが良い、と思います。家電は皆立派な働きを日常担っていますから、突然に止まってしまったら大変に困ります。計画的な買い替えなら、取り換えのためのわずかな時間だけ使えないだけで済ませられますから被害がありません。それだけでなく、お財布に与える影響を考えても、せっかくなら新型が出て旧型が型落ちして安くなる時期に購入するのがお得な作戦になります。また、政府や自治体がエコポイントなどを出して買い替えを奨励する時もありますが、それに乗る手もあります。冒頭に紹介した冷蔵庫の買い替えでは、私も東京都のエコポイントをゲットしました。皆さんの中には、まだ使える家電を捨てるのはもったいない、と思う方もいらっしゃると思います。しかし、家電のリサイクルの仕組みはとても優れています。私は、関東で1か所、関西でも1か所、家電のリサイクル工場を見学させてもらいましたが、もしビデオを撮って逆回ししたら、家電の、分解ではなく製造をする工場の見学記に見えるくらいに、細かい部品にまで分解されて、それぞれに分類され、再利用なり原料としてリサイクルされる仕組みが整っていました。安心して（ただしリサイクル料金の負担は必要です）、リサイクルに出して買い換えてください。

　テクニックの第二は、統一省エネラベル（次ページの図）を参照することです。このマークは、遠目にも星が目立つので、量販店などを訪れた時にすぐ分かると思います。省エネ性能の高い順に5から1までの星の数で表示されています。簡

単ですね。でももう一つ注意していただきたいことがあります。この星の数は、あくまで同じクラスの製品の中での相対評価に過ぎず、絶対評価ではないということです。冷蔵庫の買い替え時に、羽根木エコハウスの冷蔵庫を置く位置に高さや幅の観点で搬入可能な候補になった機種の、星の数ではなく年間の電力消費量を見ると、なんと同じ星5つでも、小さな容量のものは電力消費が大きいのです。これは売れ筋の商品に技術を注ぎ込み、儲けの少ない商品には無理に良い技術を注ぎ込まない結果であり、そのことをこの統一省エネラベルの制度は是認している、ということを意味します。ぜひ星の数だけでなく、実際の電力消費量の数値の表示も見てください。

窓ガラスや窓枠リノベして断熱性大幅アップ

　羽根木エコハウスで経験した各種の省エネ強化策の中で、有益なものとして本書で特にご紹介したいのは、開口部の断熱強化です。

　羽根木エコハウス建築の顛末を説明した箇所でQ値とかUa値とかの説明をしました。単位面積当たりで家から失われていく熱の、失われていく速度に関する数値です。広くは、熱貫流率と言います。この観点で見ると、家の中で熱を最もたくさん失っているのは窓です。相当優秀な窓でも、断熱性に配慮していない壁

統一省エネラベル（エアコンの場合）

省エネ基準達成率	多段階評価
121%以上	★★★★★
114%以上121%未満	★★★★
107%以上114%未満	★★★
100%以上107%未満	★★
100%未満	★

（注）経済産業省資源エネルギー庁のホームページ「省エネ家電」より転載

よりも熱を失います。単板ガラスの窓では、正直なところ、壁に穴が開いているのと同じだと言っていいほどです。

羽根木エコハウスでは、窓関係のリノベーションを2回しましたので、その成果のほどを報告しましょう。

1回目は2015年のことです。実は、我が家はすべて複層ガラスを最初から採用していましたが、そのガラスの間の面がカビたらしく、まだらに不透明になってしまったのです。ガラスを代えなきゃ、と思っていたところ、断熱リフォームや耐震改修に国や自治体の補助が出るようになったので、同じガラスではめかえるのではなく、補助を利用して断熱性を高めようという気になったのです。内面がカビたガラスは1階と2階のそれぞれ南面で、おそらく日射による膨張の繰り返しで、複層ガラスの間の空間のシールが切れて湿気が入ったのではないかと考えました。1階の南面は旧両親室で、その窓は腰高窓ですが、東面は緑地に面しているため、大きな引き違い掃き出し窓です。2階は居間なので、南面はもとより同じく緑地に面した東面ともに大きな引き違い掃き出し窓です。これらの大きな窓の断熱性が向上したら、そのインパクトは極めて大きなものに違いない、と期待が高まりました。

採用したガラスは、同じく複層ですが、二枚のガラスの間が真空という最強の断熱材が入った（いや何もはいっていないのですが）真空ガラスです。熱貫流率は単板ガラスの4分の1、我が家の元々の複層ガラスに比べても約2分の1になる優れものです。その成果を、暖房などの影響を外して測るのはなかなか難しいので、室内外の気温を工事前後で測定した中で、暖房をしなかった日のみに関して、部屋内外の気温差がガラスの交換の前後でどう変化したかを調べてみました。その結果は図のとおりで、2〜3℃ほど室内が暖かくなっていました。2℃というと大したことはないように思うかもしれませんが、暖房では仮に外が0℃の時

に20℃まで部屋を暖めていたとしたら、そのエネルギーが2℃分、すなわち10%も減ることを意味します。2015年には、前述のエアコン自体の買い替えやLED化などいろいろなメンテやリノベーションをしたため、窓ガラスだけの効果による節電量は切り分けられませんが、前述のエアコンの消費エネルギーの低下の割合が、エアコンの性能から期待されるものよりやや大きかったことには、窓のこの断熱性の向上が効いているのではないかと思っています。

　2回目の窓の改修は2019年の3月でした。この時は、主に北側の水回りにある小さな窓4つを改修しました。

　きっかけは、脱衣所兼洗面所にある洗濯機の更新でした。ビルトインの横置きドラム式のものでしたが、回転音がだんだん大きくなり寿命が近いと判断したので、寿命が長いと考えた縦置きドラム式のものに買い換えました。横ドラムのビルトインのあった場所には縦置きドラム式は入りません。洗面台の天板も壊す工事が必須になりますので、それなら、天板の奥にある窓の工事も一緒にしようとなったのです。以前から寒いな、と思っていた脱衣所や風呂場、そして隣接のトイレの窓はジャロジー窓といって、横長の細い幅の短冊状のガラスが一斉に開閉するもので、窓を外側にほとんど開けられない場所でも通風できる利点があるものの、気密性

窓のリフォームによる断熱性向上

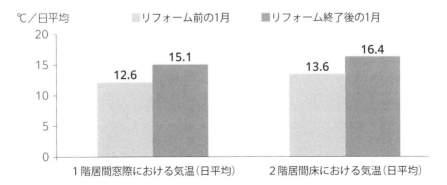

はなく、従って断熱性に劣るものです。しかし、今ある窓枠を外して新しく窓枠からはめ直す工事をすると、壁を壊すことになり時間がかかります。そこで、窓ガラスとその枠は取り換えるものの、壁にくっついている枠自体は残し、その内側に新しい窓枠と窓自体をはめ込む工事をすることになりました。窓のリノベの需要があることを見込んでメーカーが開発した、施工が迅速な工法です。欠点は、窓ガラスの面積が小さくならざるを得ない点です。けれども、今回の工事ではジャロジー式をやめ、一つの複層ガラスにしたので、気密性は高まった上に、ガラス自身の断熱性能もよく、サッシュも樹脂製の断熱に優れたものに変わったため、メーカーのYKKAP社の資料によると、交換前の窓全体の熱貫流率の3.9W/K/hが、1.48

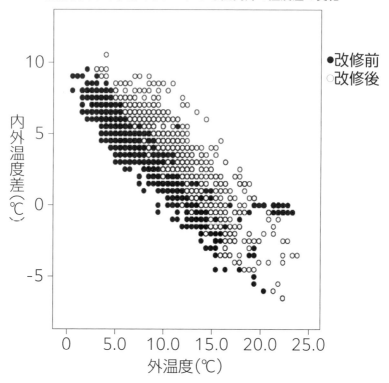

北側水回りの小窓のリノベによる屋内外の温度差の変化

W/K/hへと60%以上減ったことになります。熱貫流率の数字では体感は伝わらないので、今回も屋内外の温度差を計測しました。その結果は図のとおりで、室内気温が工事前よりも平均的には2℃から4℃暖かくなりました。横軸の同じ外気温のところを見て、そこから縦に見て行くと、改修前の黒丸（●）より改修後の白丸（○）が最大では10℃ぐらいも離れていることが分かります。

　風呂場やトイレは家庭での中でも危険な場所です。寒いので脳血管障害や心臓発作を起こしやすいのです。名古屋大学の建築科の学生さんの論文で見たことがありますが、浴室での発作などで病院に搬送される件数は、夏に比べて冬は4、5倍に増えるとのことです。こうした場所が暖かくなることは、とても安心です。ただ、節電効果として見ると大きくはありませんでした。ここには常時の暖房機を置いてなくて800Wのシーズ線電気ストーブしかありませんでしたが、窓改修後はこれを400Wのものに変えました。節電率は50%になりますが、使用時間は短いので絶対量は大したことはありません。しかし3章で述べますが、人間はCO_2減らしのために生きているわけではありません。たとえ省エネがわずかでも、取り組みは必要で、得られることはたくさんあるのです。

　ガラスを換えるとか、窓枠を増やすとか、ハードな話ばかりをしましたが、それができないからといって窓に手をつけないのは、省エネのためには残念な話です。羽根木エコハウスで採用している簡便な断熱向上策は、カーテンなどの工夫です。例えば、断熱カーテンです。その断面はハニカムのようになった形状で、筒のような部分に空気を抱え込んで断熱します。ほかにも我が家では、赤外線を反射する性能の高いレースカーテンも使っています。こうしたカーテン類を室内側に使うほか、室外側の工夫もしています。2階南面ベランダにはプランタを7つ置いて、鉄製の1.8m高のグリッドに多種類のツル植物を生やさせた緑のカーテンを設けて

います。また、同じく2階の居間の東面と南面の2か所で、オーニングを設けています。冬は巻き上げて、直射光を積極的に取り入れ、夏は引き出して、熱の直射（ダイレクトゲイン）を防ぎます。子供たちが小さい頃、夏休みの宿題の自由研究で、一日おきにオーニングを出したり入れたりして、部屋の奥の位置での夜の温度を測ってみました。その結果は天気の良かった日だけで比べると、1℃程度の差がでてくるようでした。断熱カーテンの冬の効果についても計測したかったですが、冬休みの自由研究はなくてできていません。しかし、実感的にはそれ以上の差があるのではないかと思っています。と言うのも、朝、断熱カーテンを天井際に引き込むと、窓との間に夜間溜まっていた冷気が足に落ちてくるのを感じるからです。窓の断熱向上は、省エネの決め技の一つです。ぜひ、工夫してみてください。

売るより我が家で使おう、蓄電システムに挑戦

　羽根木エコハウスは、建築当初から太陽光パネルを張り、消費し切れなかった余剰電力は配電線へ流して電力企業に売電する、逆潮流もしていましたので、いまや発電・売電の21年生です。FITは、家庭の余剰電力買取りの制度として2009年に始まり、東日本大震災を契機にあらゆる再生可能エネルギー電源に拡大されました。我が家はFITの1回生です。FITでは住宅用太陽光発電の買取保証期間は10年と定められており、2019年に卒業（卒FIT）しなければなりませんでした。我が家の場合、1kWhを東電エナジーパートナー社に48円で売電していたのが、保証期間終了後には8.5円の単価になる旨の通知が同社から来ました。売電量は、毎年400kWh程度にとどまるので、売上総額は1万9000円程度と少なく、減収幅は絶対値では大きくありません。しかし、私が違和感を覚えたのは単価です。少し古いですが、産業界寄りの研究成果を発表することが多い地球環

境産業技術研究機構（RITE）が2013年に推計した石炭火力発電による電力製造単価は、9.5円/kWhでした。地球を汚すCO_2いっぱいの排ガスを出す上、出力調整もしないベースロード電力の石炭火力に比べて、地球を汚さず、電力需要の多い昼間に出力する太陽光発電が安く見られるというのはいかにも納得ができませんでした。東電エナジーパートナー社のお知らせでは、この値段はエネルギーとしての価値に加え、地球を汚さないという環境上の価値の評価額も入っている、とのことでさらにびっくりしました。環境価値を安売りするくらいならば、自分で使った方がいいのではないか、つまり1kWhにつき8.5円の収入はなくなりますが、他方でそれを自分で使えば、27円の電気を買わなくてすみます。差し引き18.5円、お得になります。そして特に重要なことは、買電量が減った分だけ我が家に帰属するCO_2排出量も減るということです。

　そうしたことで、当時は自家消費に必要な電力量を超えて発電した時には、電力は外部の商用電線網へ送られるシステムになっていたのですが、その電力を外部に送って販売せずに蓄電池で貯め込んで、太陽光発電ができない時間帯で使う、という蓄電システムにチャレンジすることにしました。

　けれども、1年間の余剰電力を全部自家消費に回せたとして、年間のお得はわずか7400円程度。20年はこの蓄電システムが稼働したとしても総額は15万円弱です。損得勘定からは、蓄電システムをこの値段で購入できるとありがたい、ということになります。そこで、一日平均の売電量が1kWh強ですので、それを蓄えて電気の吸い込み吐き出しが一晩程度は余裕でできる、容量3kWhから4kWh のものを探してみたのですが、なかなか良い候補が見つかりませんでした。

　私が、採用した考えは次のとおりです。新品の蓄電池と蓄電システムを購入するのではなく、比較的価格が安い中古蓄電池を活用することです。将来を考える

と、HV車、PHV車などの車載のリチウムイオンバッテリーが、どんどんと退役してくると考えられますが、リチウムイオンバッテリーは、ニッケル水素電池などと異なって分解してリサイクルするには経済性から見て不利があり、性能が保持されているなら、リユースして、生産から処分までの経済性を高めることが良いのではないかと考えたからです。そのいわば実証的な実験として中古リチウムイオンバッテリーを使おうと思いました。ただ、そうしたバッテリーの制御システムが必要ですが、これは残念ながら現段階では実験的な一品製作になります。そこで、かねてから住宅用の中古蓄電池活用システムの開発に注力されていらっしゃった田路和幸・東北大名誉教授と組んで、田路先生が開発中のシステムを我が家の配線ネットワークに導入することとしました。中古蓄電池は先生所有のものを拝借して無料ですが、制御システムは一品生産なので、部品代や先生の交通費など

蓄電池とその制御システムの外観

締めて65万円となりました（**写真**）。実験なので費用はともかく、データ取りが重要です。本書執筆時点では、売電量が多い季節に差し掛からないので、売電削減がどれだけ買電削減につながるのか分からないのが残念です。また、別の機会に報告したいと思います。

蓄電池は、欧州では大量生産で価格が安くなる一方、電気代はもともと日本よりも高いので、自宅の太陽光発電の電力を自宅の蓄

電池で貯めて使うことが、電力購入よりも有利になった状態になっています。日本でも、蓄電池の価格は安くなるでしょうし、温暖化対策の進捗から見て、発電には今以上の環境対策が求められ、当然ながら価格は高くなるでしょうから、すでに太陽光発電をされている方を中心としたエネルギー使いの上級者としては、この蓄電池活用のハードルは低くなっていくと思います。

　ここで話が横道にそれることをお許しください。羽根木エコハウスの隣接地には、羽根木テラスBIOという、私と弟がオーナーの、これまた実験的なエコ賃貸があります。わずか2世帯の入居ですが、それぞれの世帯が屋上の太陽光発電パネルの電力を自分のものとして使えるようになっています。羽根木エコハウスと違って、南に正対して陸屋根に整然と並んだパネルですので、発電量は多く、売電量は1世帯当たり年間7000kWhにもなります。ここが卒FITを迎えた時には、悪天や停電が2日ぐらい続いても持ちこたえられる本格的な蓄電システムを導入することができるかもしれません。太陽光発電をされていらっしゃる読者の方は、ご自宅の電力の出入りをチェックして、計算してみると面白いですよ。

屋根貸し太陽光発電、燃料電池…期待の環境新技術

　この蓄電池活用もそうですが、最近の環境ビジネスのアイディアには、エネルギーの消費者として魅力的なものが多数出てきています。後の4章で詳しく紹介しますが、沖縄の「ネクステムズ社」（比嘉直人社長）や関東で手広く電力小売りをしている「Looopでんき社」（中村創一郎社長）、その他多くの企業が、電力のユーザーの事業所や自宅の屋根などに自社所有の発電設備や付随する蓄電設備を設置し、ユーザーと電力供給契約を結んで、一般電力小売り企業よりも安価に電力供給を行うビジネスを開始しています。パワー・パーチェシング・アグリーメン

ト（PPA＝電力売買契約）モデルと言われることがあります。ユーザーから見れば、発電に必要な機材は購入せず、電力だけを長期契約で購入するからです。そのため、この事業は電力ユーザーには初期投資の負担が全く生じないので、ユーザー側が太陽光パネルや蓄電池の恩恵を容易に受けることができます。このタイプのビジネスの発展が期待されます。もちろん、この事業では、これらパネル設置会社の利益が確保されなければならないため、電力のユーザーが自分自身のファイナンスで同じことができるのなら、長い目で見た電力への総支払い額は安くなるので、そちらの方がお得であることは明らかです。しかし、太陽光発電に適した屋根があるのに貯えがない、あるいは初期投資の融資を受けるのが面倒だけど太陽光発電はしたい、費用は早く経費処理した方が良く、減価償却資産などは持ちたくない、といった向きにはお勧めです。

　話しが脇道にまたそれますが、このように資産自体をユーザーが持たず、欲しい効用・サービスだけを受け取るタイプのビジネスは、広く一般には、「サービサイジング」と言うことがあり、もっと広くは、シェアリングにも通じます。私が特任研究員として属している日本経済研究センターの研究では、例えば、シェアリングの習慣が自動車にも及ぶと、登録された自動車の数はずっと少なくなり、粗鋼生産は減って、CO_2も大幅に減ることが推計されています。人々の生活習慣が変わると、ビジネスも変わり、環境への負荷も大きく変化するのです。エネルギー使いの達人が増えることで、私たちは、チリが積もれば山以上の、テコの掛け算で山が動いていくように良い将来が実現していくものと希望を持つことができます。

　そのほかにも世の中を大きく変えそうな候補について、羽根木エコハウスではまだ使っていないものの、あえていくつか紹介したく思います。

　まずは、燃料電池です。

　羽根木エコハウスでは電気は太陽光発電、熱はエコジョーズの湯沸かし器で賄ってきているので、まだ使っていませんが、燃料電池は有望株です。これは、ガスを水素に改質した上で空気中の酸素と反応させて、電気と温水の2つを取り出すコージェネレーションなので、なんといっても熱効率が優れていて、エネルギー使いの上級者のレパートリーに加えておきたい技の一つです。

　私が関西で見学したアイシン精機（現・アイシン）と大阪ガスの共同開発のもの（タイプS）は700Wの発電のみでも効率53％程度と最新鋭のガス焚き発電所並みの上、熱も取り出せて、総合効率は75％以上になります。追い炊きする湯沸かし器がすでにある場合では、燃料電池部分のみの据え付けでも役に立ち、そのカタログ正価は130万円です。

　また、関東エリアでは最近、発電効率47％で400Wを生み、温水も出すので総合効率が72％以上で、なおかつ貯湯槽がない分、非常に小型のものも出てきています（京セラなどが開発したエネファーム・ミニ。追い炊きをする給湯機との間に相性があって、組み合わせられないものもある。価格はオープン）。私の知り合いの世田谷区のエネルギー政策担当の池田あゆみ課長は、ご自宅に最近この機器を入れて、買電量が160kWh/月も減ったと喜んでいました。

　燃料電池については効率の良さとガスの災害時での供給安定性が着目されています。事業継続計画（BCP、災害など非常時にも事業継続ができる準備）を必要とし、熱も多く使う病院、あるいは工業団地などでは、大型のものについて、先ほどのPPAモデルで行う燃料電池活用事業として普及が進んでいます。一般家庭向けにはPPAモデルの対象にはなっていませんが、普通のお宅でも、最近は、高効率湯沸かし器を置く感覚で燃料電池を使う方も増えてきているようです。電気代とガス代の合計額で節約になり、CO_2も減るほか、特に評価されているの

は、普通の電源が災害でダウンしていても、電気が使える機能です。燃料電池が自分で電気を生んでいるので、コージェネレーションが続けられるため、電気も温水も使い続けられるのが安心感を呼んでいるようです。

　燃料電池の普及では日本はすでに世界一ではないでしょうか。固定置き燃料電池は今までのおよそ10年間で、家庭用でも約30万台も据え付けられました。政府の計画では、2030年までに530万台の稼働を目指しています。そこまで燃料電池が普及すれば、第4章で検討するような、エコハウスが横つながりした時に活躍する装置になることが期待されます。

　また、電気自動車が動く蓄電池として活躍する世界も実現するでしょう。電気自動車が家に駐車している時に余剰電力を蓄電し、逆に家で電力が欲しい時にはそこから電力を取り出す、といった使い方が車載の蓄電池を使ってできるようになれば、家庭の蓄電容量は飛躍的に増えます。そして、固定置き型の蓄電池をわざわざ買わなくとも、自動車を買えば蓄電池も付いてくることになるので、総体的なコスパは悪くはありません。実際、車載用の蓄電池は容量も極めて大きい上、大量生産されていて値段が安く、また交通事故などに備えて丈夫なつくりです。例えば、EVのはしりとなった日産リーフの現在の型は、40kWhとか60kWhといった極めて大容量の蓄電池を積んでいますから、フル充電のものを目いっぱい使えば、普通のご家庭の電力消費全体を3~5日間支えることができるでしょう。

　車としての価格は普通のガソリン車と比べてまだ高いですが、補助金（国と地方の補助金を合わせると、最近では100万円以上の金額になる）や税制の恩典もあって、実際の負担額で見た追加支出額はほとんどないと言うことができます。ただ、自動車の蓄電池と家の中の配線網を自由に電気が行き来できるようにすることが必要です。屋根の上の太陽光パネルの余剰電力を車に入れる片道だけ

であれば簡単ですが、その逆にはV2H〈注〉装置を据え付ける必要があります。この装置の値段もいろいろですが、2021年時点では、工事費込みで最大115万円ほどが国から補助されるので、実際の負担額は、カタログ価格と据え付け工事費の半額程度で済む見通しです。欧州では、電気自動車以外の車が使えなくなる自動車の車種規制を導入する準備が着々と進んでいます。補助金などが使えるうちの早めの対応が有利かもしれませんね。ついでですが、電気自動車になり、自動運転ができるようになると、事故が少なくなって、丈夫な鋼板を使わなくともよくなり、ますます効率の良い自動車ができてくるとともに、鉄の生産に伴うCO_2も大幅に減ると、日本経済研究センターの研究では予測されています。一人ひとりの選択が、ここでも世の中を大きく変貌させそうです。

そのまま使えないか…直流ワールド

　エネルギー使いの達人の決め技の将来候補として、直流ワールドに触れたいと思います。

　太陽光発電は直流で電気を作っています。この電気を交流に変換して家電を動かすとすると、多くの家電では機器の中でまた交流から直流に戻して、LEDを光らせるならそのまま、冷蔵庫や洗濯機、エアコンなどのモーターやコンプレッサーを回転させるなら、一番力が得られる周波数の交流に変換して使っています。少なくとも1回、多ければ2回、周波数が大きく変えられているのです。そして、そのたびに、変換ロスというエネルギーの無駄が生じます。おそらく10~20%のオーダーで無駄が出ていましょう。今や太陽光パネルは多くのご家庭に普通に設置されていますし、蓄電池も普及し出しました。蓄電池に溜められているのも直流電気です。ですので、せっかく作られた直流電気は、できるだけそのまま、照明器

※Ｖ２Ｈ：車〈Vehicle〉から家〈Home〉へ、を意味し、2は発音が共通の to の意味

具や家電などで使った方がいいじゃないか、という考え方が当然出てきました。

　先ほど蓄電池の所でお名前を紹介した田路先生は、実は直流ワールドの先駆者です。今ある家電や、コンセント、プラグなどを、100Vの直流で動かしてみて、どのような不具合があるかを調べています。そうしたところ、すでに大多数の機器で直流を使っても問題がないことが分かりました。と言いますのも、多くの機器ではインバーターがすでに内蔵されていて、周波数にとらわれない空間を自分の中に持っているからです。コンセントやプラグでは、アーク放電という長い火花が飛んだままになるのではと想像されましたが、実際にはそんなことは起きないそうです。しかし、そうは言っても一部の機器は壊れますし、漏電やショートが起きると、電池からの多量の電流が一瞬に出ていくおそれもあります。従って、いろいろな家電や器具の交直両用化をもう少し時間を掛けて、意識的に進めていかないといけないようです。そうしたことが進んだ暁には、想像ですが10%程度の追加的な省エネができるのではないでしょうか。今、私たちにできることには、例えば、直流モーターで動く扇風機を使ってみるなど、直流の世界に関心を持って親しむことがあると思います。

効果広がる節水という裏技

　省エネを目指すリノベーションという文脈では外されがちですが、節水は案外簡単で効果があります。エネルギー使いの達人を目指そうと思い込むと、かえって水を忘れてしまうかもしれませんので、柔らか頭を作るために、リノベーションの締めには、あえて節水に登場してもらいましょう。

　すでに説明しましたように、水は自然界が自分の持つ再生可能エネルギーを投じて生み出している、いわば再生可能エネルギーの化身です。そうした貴重な

存在である一方、地球温暖化の犠牲にもなっていますので、温暖化被害を軽減する上でも節水は有効です。そして、節水は水道水を作ったり、下水を処理したりする時のエネルギーの投入を減らして、温暖化を防ぎます。

　何重にも効用がある節水ですが、そのための手段として一番のお勧めは、節水シャワーヘッドではないでしょうか。買って簡単にご自分で取り替えられますし、替えればそれだけでシャワーに使っていた水量を30%も減らすことができます。

　我が家でも節水シャワーヘッドを使っていますが、吐水量は減っているのに、皮膚にはどっしりとした水圧が感じられるます。TOTO製ですが、水の中に空気を混ぜて、水流を大きな粒々に仕立てているからです。ところで、シャワーの節水のすごいところは、お湯の量が減った分、湯沸かし器で消費するガスも減らしてしまうことです。

　その意味では、食器洗浄機も節水にすばらしい働きをします。我が家ではAEG社製を使っています。よほどの手練れでないと、食洗機の使う水量以下では食器洗いはできないと聞きます。この機器も、水使用の上流下流で必要になるエネルギー投入を、節水量比例で減らしますし、特に、手洗いでお湯をたくさん使っていた分を減らしてガスなどの投入も減らすのです。

　節水の効果は、皆さんの家で発生しますが、上下流でも発生します。こうした広い視野で環境負荷を考えることを、環境業界用語では「ライフサイクルアセスメント（LCA）」と言います。あるいは、ずばり視野、という考えで「SCOPE 3」とも言います。ちなみに、「SCOPE 1」とは、皆さんの家をそのバウンダリー（境界線）とするもので、「SCOPE 2」は電気を供給する発電所を視野に入れるもので、「SCOPE 3」はもっと広い、上流から下流までを見るものです。ですので、エネルギー使いの達人は、節水だけでなく、例えばエコクッキングをしたり、LCA

情報を参照して商品選びをしたりすることになると思います。

　私は料理することが大好きですが、しかし、さすがにこの小冊子に具体的な
レシピを掲載するのは荷が勝ちすぎていますので、着眼点だけコラムにしました。
皆さんもエコクッキングに挑戦してみていただければと思います。ちなみにですが、
エコ・クッキングは東京ガスの商標登録の言葉です。しかし、同社はこの言葉を、

〈コラム〉応用してください、エコクッキングの着眼点

　私は小学生の時におやつを自作するようになって以来、料理をするのが好き
です。いろいろな食材を組み合わせることで新しい価値が生まれるからで
す。フランスの有名な美食家、ブリアロ・サバランは「新しい料理の発見は
新しい天体の発見に勝る」と言ったそうです。大げさには思いますが、そ
の気持ちは分かります。エコクッキングは、新しい発想に基づく料理法です。

　その発想の一つはエネルギーと食材の無駄を出さないこと、もう一つは、
既に解説したSCOPE3の範囲で環境負荷を減らすことです。

　省エネ調理をするには、東京ガスのエコ・クッキングのサイトが、テクニック
を詳しく解説していますので、ぜひ参考にしてください。保温調理器具など
は大いに貢献します。

　食材の無駄を出さないための工夫で一番効果的なのは、冷蔵庫にちょっ
とずつ残っている食材をうまく動員して一品の料理に仕立てることです。一
つは、"見掛けチャーハン法"で、残りご飯と余っている適当な食材を炒めて、
それらしい雰囲気の〇〇ライスにすることです。ご飯に替えてうどんやスパ
ゲッティも良い受け皿になります。もう一つ、見掛けが全く違いますが、余り
食材を茶わん蒸し仕立てにすることで、食欲をそそる一品ができ上がります。
かつて私は廃棄物処理をチェックする担当官をしたことがありますが、廃棄

商売でなければどうぞどんどんお使いください、というスタンスです。エコクッキングでガス消費が減っても、世の中のことを考えよう、とする太っ腹の経営方針は、尊敬すべきものだと思います。

物処理のテクニックも大きく分けて2つありました。いろいろな物を高温で焼いて混ぜてエコセメントやガラス骨材を作る方法と、コンクリの中へいろいろな物を混ぜて固める方法です。前者はチャーハン、後者はまるで茶碗蒸しのようで、料理にも共通する技法だと一人ニンマリしたものです。

　さらに、食材の無駄を出さない小技もあります。つい捨ててしまう人が多いセロリの葉っぱをスープの出汁取りに使うと、甘くて奥深い味がでます。最近学んだテクニックには、グリーンアスパラの根元の固い皮部分に繊維方向と直交する浅い切れ目をたくさん入れておけば、皮を剥かずに美味しく丸ごと食べられる、という小技があります。小技には、いっぱい面白いものがあると思いますので、いろいろ工夫してみてください。

　SCOPE 3での環境負荷削減になるエコクッキングには、地産食材の活用と旬の食材の活用があります。海外からの食材は、輸入し輸送することに伴う相当の環境負荷を生じさせます。これをフードマイレージと言います。地産の食材、旬の食材は、このフードマイレージが少なく、環境への悪影響が少なくて済むのです。またLCA（ライフサイクルアセスメント）の観点では、肉よりは魚、魚よりは野菜が栄養当たりの生産用エネルギーの投入が少なく、環境負荷が少なくなります。肉の過剰摂食は健康維持にも差し障ることがあるので、時々ベジタリアンを気取るのも環境と健康という一石二鳥になるかもしれません。

第3章

エコなお家にすると
良いこと山盛り

この小著では、ここまで、省エネしたり、再生可能エネルギーを生み出し（創エネ）、使ったりすることに伴う、金銭の支出のことにはほとんど触れないで説明をしてきました。この第3章では、金銭面を含め、省エネや創エネに伴う様々な損得（コ・ベネフィット）を考えてみます。

実は、損得の議論を後回ししてきたことには個人的な理由があります。それは、私はCO_2が減った事実を確認するだけで快感を得られる"特殊な性格"なのです。長年、環境保全に公私両面で取り組んでいるうちに、環境に良いことをすること自体をうれしく感じるようになってしまったのです。ですので、CO_2を減らすために仮に多額の支出があっても、それはそれで納得の上のことなので、出費自体の痛みには余り関心がないのです。

そう聞きますと、読者の皆さんは引いてしまいますよね。こいつは、どうしようもない環境オタクで奇人変人ではないか、そんなヤツの考え方にはとてもじゃないが付いていけない、と思われても仕方ありません。

そこで、私は皆さんにCO_2を減らすことに快感を覚えなくても一向に構いません、とあえて断言させていただきます。どうしてでしょうか。ここで、脱炭素にはお金を払わなくても、省エネや創エネは、皆さんに対し、お金の払い甲斐のある良いことをいろいろともたらしてくれる、ということを説明したいと思っています。

省エネでお財布が喜ぶ

まずお財布への効果です。

例えば、40・41ページで紹介したLED照明への集中的な更新を取り上げてみましょう。この時は、24か所の照明器具の工事費、部品代込みで、合計で3万1000円ほどの出費になりました。他方で、おそらく月20kWh程度の節電になりま

したので、年間の電気代節約が6000円程度で、支出は5年ほどで取り返し、後は儲けが出てくる勘定になります。

　このように、節電はCO$_2$を別にしても儲かるケースが多いのです。前に紹介した冷蔵庫でも、節電性能が劣るけれども価格が安い物を買わず、性能の良い高い物を買っても、その差額はすぐに取り戻せる額でした。端的に言えば、家電メーカーも自信をもって売り込めるように、節電で取り戻せるような値付けをしているとも言えましょう。

　これは分かりやすい例ですが、もっといろいろな取り組みを行うとすると費用対効果の悪いものも含まれてきて、全体としては、投資を取り返せないのではないか、と疑問が湧くでしょう。そこで、たくさんの環境対策を組み込んだ我が家のエコハウス新築の経済的なパフォーマンスは、果たしてどうなのかを考えてみましょう。

　そのためのデータは、私は、全部公開しています。前述の『エコハウス私論』という本の159ページに「環境対策ごとの費用内訳」として、普通程度の環境対策の家として建てた場合と羽根木エコハウスの費用とを、断熱工事とか発電設備工事とかの項目を明示した上で比較しています。当時は、太陽光パネルの値段も高く、蓄電池や工事費なども含めた発電設備工事だけでも309万円の出費でした。各項目を積み上げると、フルコースの環境対策に伴う支出増は、951万円になりました〈注〉。ただ、環境対策設備に対する補助金が受けられたため負担減が138万円あって、実質の初期投資額の増加額は813万円でした。なお、この初期投資には、植栽などの外構工事や床を国産ムクの木材にするための追加的な支出も入っていて、環境関係の出費ではありますが必ずしも創エネ、省エネに直接つながるものばかりではありませんでした。

　※環境対策に伴う支出増（951万円）の内訳：発電設備工事（太陽光発電、風力発電等）309万円、空調設備工事130万円、OM式給湯設備・温風床暖房工事138万円、外部建具工事（複層ガラス入りアルミ製断熱サッシ等）90万円、断熱工事30万円、中水・雨水利用設備工事80万円、薪ストーブ工事65万円、基礎工事（OM式蓄熱コンクリート工事含む）50万円、電気設備工事（インバーター照明）2万円、内装工事37万円、塗装工事10万円、外構工事（透水性舗装等）10万円

家をエコハウスにすることによって、電気代やガス代などの支払いが減ります。羽根木エコハウスには両親世帯と私の世帯とが同居しますが、これら両世帯がエコハウスに移り住む前にそれぞれ払っていた光熱水費の合計は年間約60万円でした。シミュレーションでは年間19万5000円が減額でき、これを、40万円強にできるということでした。その他に、低利融資が受けられたことの預金金利との差額とか、ローン減税やエコハウスゆえの税の恩典などを足し上げていくと、建築後35年目で初期投資を相殺（ペイバック）できる計算になりました（下図は同書から転載）。家自体は100年の寿命はあるように設計していたので、家の寿命内で引き合う投資と言えましょう。付け加えると、新築35年後とは私の平均余命なので、私の生きているうちに償還できる投資ということにもなります。

羽根木エコハウスの環境投資資金回収グラフ

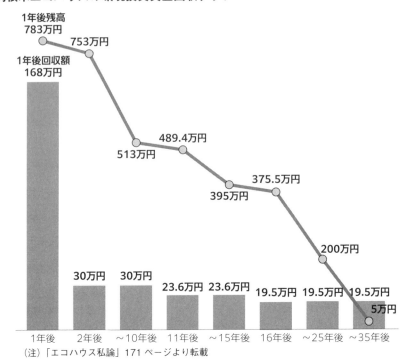

（注）「エコハウス私論」171 ページより転載

　現実はと言えば、すでに述べたような家電の買い替えや断熱強化の工事などのお陰で、光熱水費の実際の支出は、当初のシミュレーション以上に減っています。2020年では、支払い総額は20万5000円〈注〉で、節約額は39万円以上にも増えています。従って、初期投資だけについて見ると、それをペイバックする年限は22年間ほどに減っていて、おそらく今年（2021年）中には完済できる計算です。

　結局、節電などの省エネや創エネは、エネルギー支出を確実に減らすので、長い目で見れば、必ず元を取り戻せるのです。今後を見れば、FIT支払いの割掛けの増加などがあって電気代が高くなることが確実視されている一方、低金利で銀行預金はお金の良い運用先ではなくなっています。家の住み心地を向上することは、お財布が喜ぶお金の使い方になっているのです。

居心地の良さや安心にお金を使っちゃいけませんか？

　家への投資は、エネルギー費用の節約でいつか必ず取り戻せるにしても、その「いつか」が遠い将来過ぎるのじゃないの、と思われることはあります。そこで、一番最近の集中的なリノベーションのことを取り出して詳しく検討してみます。

　羽根木エコハウスでは、44ページに紹介した2015年の冬シーズンに、通常タイプの複層ガラスの真空ガラスへの交換（4面）、と寝室床の断熱強化という省エネ対策、そして、マルチのガスエンジンヒートポンプのエアコンを同じくマルチの電気駆動のヒートポンプエアコンへの更新からなるリノベーションを集中的に行いました。その時の総支出は、310万円で、補助金18万円と1回限りの固定資産税減額5万円を差し引くと、純支出は287万円でした。3ナンバーの自動車を即金で購入した程度のインパクトが家計にあったことになります。

※支払総額20万5000円：内訳は電気代が約11万円、ガス代が約5万円、上・下水道代が約5万円

このうち、エアコンの更新は、親機1台に加え、子機の台数で言うと7台（更新時に子機2台は廃止し、5台に集約）にかかわる大工事で、前の機械の廃棄費用、フロンの処理費、工賃、新規の機械の購入などをひっくるめて120万円でした。しかし、それまで16年使ってエアコンがもはや正常に動かなくなっていたので更新自体は仕方ない支出でした。これを除くと、もっぱら省エネのための工事は167万円です。

　他方で、その効果を考えてみましょう。エアコンの更新や断熱性の向上で、電気・ガス代の総計では月5000円支出が減り、冷暖房期間が年に6か月とすると、これまでに比べ年間で3万円がお得になる計算です。この支出減を当てにして、断熱強化の工事をした訳です。具体的には、エアコンが、前と同様16年使えるとすると、冷暖房費減のお得の合計は48万円です。これを先ほどの167万円から引くと、実質の負担額は119万円です。将来、電気代が高くなることが確実視されていますので、節電の儲けは膨らみ、実負担額はもっと減るかもしれません。しかし、それはここでは置いておきましょう。結論的には、機械がもっと長持ちすれば別ですが、寿命の範囲では元は取れないのです。まず、ここは正直に認めます。

　でも、ここで私は考えます。71歳の私の平均余命は、これまた偶然16年なので、その間居心地のよい部屋で暮らすのに、いくら払ってよいかをです。119万円を私の平均余命で割ると、年にして約7万円、冷暖房月を6か月として180日で割ると、空調期間の1日当たりでは410円くらいです。まだ高そうに感じるかもしれませんが、喫茶店で飲むコーヒー一杯くらいの支出で、エアコンの冷暖房の風に吹かれるのでなく、周囲の壁や床がじんわりと暖かい、あるいは涼しい、快適な輻射熱環境が得られます。エアコンの風が嫌いだという人は多くいらっしゃいますが、もっとも

です。この小冊子の44〜48ページに、リノベーションがどれだけ住み心地を改善したかを説明していますが、一日410円ぐらいの支払いでこうした環境が楽しめるのです。

　快適な居心地に加え、健康的な温熱環境のお陰で病気になることが減ったり、あるいは、いつあってもおかしくない大地震で電気が途絶した時になお過ごしやすい室内に居られたり、といった保険的な利益も得られます。2015年のリノベーションではいじりませんでしたが、我がエコハウスでは太陽光発電もできますし、一晩は十分に持ちこたえられる蓄電池もあって、災害時はとても安心です。3.6kWhの容量の蓄電システムですが、そこに溜めた電気は、冷蔵庫、テレビアンテナの電波ブースター、地下の排水ポンプ、1台のテレビといくつかの照明設備といった、災害時にぜひ生きていてほしい機器にしぼって供給されるように回路を作ってあります。

　どうでしょうか、創エネや省エネは、果たして高い買い物でしょうか。ちなみに、私の年齢で医療保険に入れば年額では12万円は払わないとならないでしょう。医療費が保険で賄われても、病気になりたい人はいないでしょう。どうせ支払うなら、病気になりにくくなることにこそお金は使うべきではないでしょうか。また、災害はあってほしくはありませんが、避難所に行かなくてもすむ人は在宅避難が奨励されています。それの方が「クオリティ・オブ・ライフ（QOL）」が高い、すなわちストレスが少なく居心地が良いからです。

　いやいや保険も断熱ももったいない、銀行に貯金して、万が一病気になった時や災害時に備えましょう、と考えたとします。でも、バブル崩壊以降ほぼ30年間、超が付くほどの低金利が続いています。いま銀行の定期預金は期間を問わず年利0.002%なので、前述の快適で健康的な生活のためのリノベ実質負担額119万

円を16年間預けても利息は381円ぽっちです（ここからさらに国税・地方税がひかれます）。この程度の金利を期待して貯金しても、寒暖差のある環境を我慢して病気になったら元も子もないどころか大損です。災害時にはATMが動くか分かりませんし、仮に貯金が下ろせても買えるものが十分にあるかは不明です。

　こう考えると、電気代やガス代の節約につながらない消費をすることや保険に使ってしまうより、あるいはお金は使わずに銀行に余分にお金を預けておくより、お金は建設的に生きる形で使う、すなわち、自分の家に投資して、健康や安全を高めた方が良いのではないでしょうか。

　そうです。CO_2を別にしても、創エネしたり、省エネしたりすることは、技術進歩の結果、価格がずい分こなれてきて、お財布にも良くなっています。そして、健康にも良い、そして災害時の安全にも良い効果を発揮するのです。快適、健康、安全・安心のための支出先として、省エネ、創エネ、そして蓄エネは十分引き合うものだ、と私はお勧めする次第です。するかしなかいではもはやありません、いつするか、どこまでするかが、読者の皆さんのご判断なのです。

　最後に一言。世の中では、環境保全には余分なお金が掛かる、今まで支払ってきた範囲の中で環境が守れるように技術が進歩したら、喜んで取り組みます、といった言説がもっともらしく飛び交っています。再生エネルギー起源の電力の価格について、「グリッド・パリティ」という言葉がありますが、その意味するところは、こういうことです。太陽光起源の電力が自然に普及するよう、その値段が石炭火力の電力の価格と同じになることを期待しよう、といった主張です。実は、この言説は、環境には余分なお金を払うべきでないと言っているだけで、それこそが環境破壊の原因となる考えだということに気づかない恥ずかしい議論なのです。その上、環境に良いことが、私たち人間の暮らしの向上にいろいろと役立つこと

にもあえて目を背ける、二重に罪深い議論だ、と私は思っています。どうか、読者の皆さん、断熱は気持ちいいよね、太陽光発電で安心感が増えるね、そしてCO_2も減るんだからなおありがたいよねと、どしどし発言して、環境を壊して利益を得ることを既得権化し、他人の良い行いにわざわざ水を差す人たちに猛省を促してください。

第4章
一つの家を超えた取り組みがあります

一つの家に住んでいても、そこを舞台に工夫をすれば、自分ではなんともしがたい、自分の外にあるエネルギー供給の大きな仕組みから相当に自由になれて、エネルギー使いの自己決定権を持つ主体になることができるのです。創エネや省エネ、そして蓄エネを自ら行うことがその手段です。ぜひ、私たちの力を行使しましょう。創・省・蓄エネは私たちに大きく報いてくれて、すばらしい暮らしを作ってくれるのですから。

　煎じ詰めてみれば、これらの点が、この小著でここまでで説明してきたことのすべてです。

　しかし、その論理を突き詰めた世界が、果たして一点の曇りもないすばらしい世界なのかというと、実は、私は少し懐疑的になってしまうのです。

　もし私が、あるいはあなたが、広い屋根を持っていてたくさんの太陽光発電ができ、さらに、極めて大きな容量の蓄電池も持っていたとすれば、世の中のエネルギー供給の仕組みに左右されず、独自に地球にご迷惑を掛けない、また他人様にも気を使うことのない、独立した暮らしを営むことができましょう。私もぜひやってみたいです。しかし、私はそれは理想のように見えるけど実は、自家発電した電力を無駄にするのではないかと危惧しますし、無駄が出てもいいほど、発電パネルを張ったり、すごい容量の蓄電池を持ったりした挙句、それを自分のためだけに使うことは、世の中全体の見地では、貴重な資源の稼働率が悪くなり、環境にとってマイナスではないかと心配になってしまうのです。

　またどの家も、エネルギー自立を果たせるわけではありません。残念ながら資金は他のことに使わないとならない方、屋根が狭く、あるいは陽当たりが悪く、仮にPPAビジネスモデルの屋根借り発電企業にお願いしても発電してくれないお家に住む方、借りている家の大家さんの理解が乏しくてリノベーションしてもらえない

方、自分で所有はしているが集合住宅なので、ベランダにも手を加えられない方など、それぞれ事情があって、自力ではエネルギー自立に向けて進めない方々もたくさんいらっしゃいます。

　すべての家がエネルギー自立ハウスになることはすばらしいですが、必ずしも効率的でないし、また現実的でもないのです。

　では、どうしたらいいのでしょう。

　こうしたことはどうでしょうか、協力し、融通し合うことです。自前の再生可能エネルギーがその時点で余っている人は、それが必要な人へ供給する、といったことです。このようなことができれば、貴重な資源が今より効率的に活用できて、きれいなエネルギーの活用が広がります。私はここ10年くらい、個人のスケールを超えたコミュニティレベルで協力する取り組みを国内外で数多く訪ねました。この第4章では、それらの中から印象的だった事例をいくつか紹介します。

あのトランプさんの下でも、
ネイパービルは全市スマートグリッド化

　私は2017年の夏から翌年の初夏まで、わずか10か月ほどですが、アメリカ中西部、イリノイ州のネイパービル市で大学の先生をしました。慶應大学はすでに特任教授、東京大学はもとより客員教授という非常勤の身分だったのをよいことに1年間休講し、いわばサバティカル（大学の研究休暇）を利用して渡米した格好です。この市は、シカゴから八方に延びる大陸規模の鉄道のうちの最もメインなもの、つまりサンフランシスコ行きの大陸横断鉄道になっている路線の、シカゴから最速33分で着く駅の周辺です。大学（ノース・セントラル・カレッジ）は典型的なアメリカ式のリベラルアーツ教育で、医歯学系を除き芸術から理学まで幅広く教

える中堅大学です。そこで、フルブライト財団からの派遣教員として環境学を教えていたのです。市の人口は15万人で、中心商業地区にはかわいらしい店が軒を連ねていて、それを取り巻く低層住宅地も古き良きアメリカの風情で歴史街区になっています（**写真**）。郊外には、先端情報系企業の研究所がどんどんと立地してきていて、住民は割とお金持ちが多く、犯罪も極めて少ないハイソな市です。

　同大がフルブライト財団に対し環境を教える外国人の先生の派遣を要請し、フルブライト財団が日本や韓国で行った選考に合格した私が行くことになった、という経緯で着任しました。つまり、そこの環境上の評判を聞いて、私が選んで赴いた土地ではなかったのです。しかしそこで暮らすにつれて、ここに来るべくして来た、という運命的なものを感じるようになりました。それは、同市が一級品のエコタウンだったからです。

　この小冊子はエネルギーをテーマにしていますので、余計な話は短くします。ネ

ネイバービル市の歴史街区（冬季）

イパービル市は一般ごみの分別回収、下水道処理汚泥の全量堆肥化と農地還元、有害廃棄物の回収ステーションの設置、積極的な緑化行政など、とてもしっかりした環境行政を早い時期から進めています。私は内外で有名なエコタウンをずいぶんと訪れましたが、ここはもっと売り出せば、十分に世界的な評判をもらえると思いました。その幅広い取り組み中で、エネルギー政策についても、大いに見るべきものがありました。

　ここの市役所は電気の供給を直営事業として行っています。このまちは、開拓の最初の住人（ネイパーさん）は英国人でしたが、ドイツ人が多く移り住み、第一次世界大戦前はドイツ語が話されていたほどの、いわゆるジャーマンタウンでした。そして故郷ドイツの都市では、市役所がいろいろな公益サービスを行うことが伝統だったこともあったのでしょう、ネイパービルでも電気の供給が、市の事業として行われてきました（最初は民間発電所ができたそうですが、それを市が購入して発電や配電網の運営を始めたとのことです）。環境熱心なネイパービルは2012年、自前の配電指令所や配電網を有していたことから、連邦エネルギー省のスマートグリッド補助金に応募し認められ、足掛け2年の工事の後、全米でも一番早いグループとして、全市スマートメーター化（契約口数は6万口）、スマートグリッド化を果たしたのです。

　その効果を見ましょう。グリッドの末端での過剰電圧が生じない制御を行うことで、スマートグリッド化直前の2011年に比べ、2017年の実績で電力消費量は10.2%削減されました。この6年間に人口は4.2%増えたので、一人当たりの消費量で見ると14%の削減となりました。市が外部に払う電力購入代金も減りましたし、市民の電気代支払額も減ったのです。また、電力の炭素排出係数も下げることに成功しています。同市は、自前の発電所は持っていませんが、市内の住宅や

大学、研究所などの建物への太陽光パネルの設置の奨励、市営のグリッドへの接続手続きの簡素化（課金は「ネットメータリング」と言い、買電と売電の差に課金することでグリッドへの逆潮流を支援しています）を進めています。さらに、市は電力をきれいにするローカルな努力をすることに加え、再生可能エネルギー起源の電力を買うことを応援する市民の電力代金への上乗せ支払いなどを活用し、翌日などの電力消費予測などを踏まえて安値でできる限り多くの再生可能エネルギー起源の電力を市外から仕入れる工夫を行っています。こうした結果、電力の炭素排出係数は2016年実績で0.385kg-CO$_2$/kWhと、今日の日本よりはるかにきれいな電力供給を実現していました。排出係数は、対14年比で20%削減されており、前述した電力消費量の削減と相まって、電力起源CO$_2$排出量のベースでは、11年以降の5年間で26%以上の削減という、これまた日本をはるかにしのぐ成績を達成していました。

　なぜ、節電や再生可能エネルギーの取り入れに熱心なのでしょう。ネイパービル市は、市長は民主、共和両党に等距離の独立系ですが、市議会は共和党が多数です。そうした中で、市の電力部局、環境部局は、当時の大統領トランプさんを戴く連邦与党の共和党に忖度し、CO$_2$ベースでは物事を語らず、電力消費量や再生可能エネルギー起源の電力割合などで、事業の成果を説明するように気を使っていました。では、市議会はというと、そうした熱心な環境の取り組みをとがめることは一切せず、市の予算支出や市民のエネルギー支出が減ることは良いことだ、ということで、市の執行部局の努力を大いに後押ししてくれているそうです。実際、スマートグリッド化の補助金で賄えなかった、市の自己負担額は4年で取り戻せ、以降は市の出費の節約になっているそうですし、市民も電気代が安くなるだけでなく、停電からの復旧時間の大幅短縮などで大きな利益を得

ているそうです。

　市当局は、市内の太陽光発電を一層増やすほか、購入する電力のうちの再生可能エネルギー起源のものの増大を図り、さらにはスマートメーターを生かして、時間帯別電力料金（ダイナミック・プライシング）でピークの需要を減らすなど、電力需要を制御することも含め、一層の温暖化対策に取り組むこととしています。将来が楽しみです。ちなみに、イリノイ州などの大平原地帯は平坦なので風況がよく、市の外の田園地帯には風車がどんどん立てられていて頼もしいものがありました。

　皆さんはどう思われましたか。

　私は、配電を担当する事業体が公益の実現、住民負担の軽減を、そのミッションとしてはっきり自覚していれば、市場主義の権化とされるアメリカにおいてすら、配電網への再生可能エネルギーの熱心な取入れ、そして、既存配電網を介した市民間の（気づかない形での）電力融通ができることに深い感銘を覚えました。もちろん、脱炭素への道のりは遠いですが、そのための良い土台があることには間違いがありません。

私営の電力独占企業ですが、ハワイ電力、頑張っています

　公の利益、市民の利益をミッションにして経営しなくていけないなら、私企業には再生可能エネルギーの供給は期待できないかな、と思われましたか。いや、そうでもない事例があります。ハワイ電力の例を紹介しましょう。

　私はハワイに愛着があります。25年以上前、ここにも10か月ですが住んだことがあり、長男が生まれたり、といったことがあって、ホノルルにある研究機関のフェローとしての職業生活を営むだけでなく、病院を含めて表からは見えにくい観光

地の"ハレでない事情"も見ることができたからです。また、流域単位の地域経営など、ハワイの先住民の伝統文化を知るにつれ、環境の観点からも学ぶべきことの多い土地だと思っています。

　その後、滅多には行けなかったのですが、2012年、そして19年に久しぶりに訪問しました。いずれも、ハワイにおける再生可能エネルギーの取り入れに関する取り組みを勉強するためです。自然エネルギーが極めて豊富なマウイ島の取り組み、そして人口が稠密で、自然エネルギーの獲得には苦労の多いオアフ島の取り組みがテーマでした。

　ハワイ州の住民は約140万人、それに加えて多くの観光客が滞在しています。対するハワイ電力の供給量は2019年で全島合わせておよそ4800GWh（自家発電や自家消費を除く）となっていて、そのうちの28％がすでに再生可能エネルギー起源のものになっています。人口95万人を抱える一方、地熱や風力を期待しにくいオアフ島ですら25.2％で、日本の2030年目標（22~24%）〈注〉を10年も早く達成しています。19年のオアフ島での再生可能エネルギー起源の電力のピーク割合は60％だったとのことです。

　オアフ島では、商業ベースの独立営業の大規模な太陽光発電所や個人宅の太陽光パネルがたくさんあります。能力ベースでは、およそ0.8GWになります。ハワイ電力は、自社所有の650MW石油焚き発電所ほか合計1.8GW程度の火力発電所を傘下に持ち、その出力を調節しつつ、こうした大規模太陽光発電所からの卸電力や個人宅の太陽光の余剰電力を買って、グリッドに入れ、再生可能エネルギーの利用拡大を続けてきています。

　60％もが太陽光などの起源の不安定なものになると、配電網を守って安定供給を続けるためのハワイ電力の苦労は並大抵ではないようです。次ページの写真の

※日本の2030年の電源構成に占める再生可能エネルギーの割合は、同年のCO_2等排出削減目標が46％になったことに伴い、より大きな比率へと見直される見込みです

グラフは、太陽光発電のために火力発電からの給電量が昼間劇的に下がり、一方で日没時には、一時的に大量の火力発電が必要になったことを示すグラフです。その形状が、お腹が膨らんでいるアヒルの横姿に似ていることから、「Duck Curb（ダックカーブ）」とも呼ばれます。このために、送配電網へ太陽光発電電力を取り入れるためのルールにはいろいろな工夫が凝らされています。

　ハワイでは、太陽光発電への個人宅へ導入する際の初期投資を優遇しています。導入時には、パネルだけでなく蓄電池も含めて、連邦所得税の税額控除に加え州の所得税からの税額控除も認め、たっぷり税を払っている比較的裕福なお宅は、事実上、負担なしでの設置が可能になるようにして太陽光発電を奨励しています。そして、配電網への逆潮流については、初期に逆潮流が認められたご家庭には、ネイパービル市と同様、ネットメータリングで、つまり売値と同額で無制限に余剰の太陽光発電を配電網に流しこんで売ることが認められています。

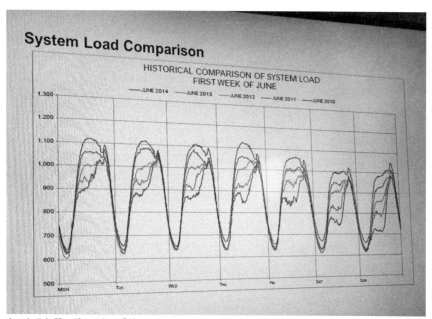

たった５年間でダックカーブがはっきりした（ハワイ電力提供）

しかし、太陽光のシェアが高まってくるにつれ、いろいろな不都合が生じてきて、新しい逆潮流にはいろいろな条件が課されるようになりました。ハワイ電力の担当者の説明によると、一番困るのは夕方、太陽光発電量がどんどん減っていくと、ハワイ電力の火力発電の出力上昇が間に合わずに、電圧が低下してしまうことがあるようです。さらに、配電網の電圧が下がると、各ご家庭にあるインバーターが、機械を守るために、せっかく続けていた逆潮流をすばやく打ち切って、配電網から解列してしまうそうですが、これがとても困るとのことです。それは、逆潮流がどんどんなくなると、配電網の電圧は、千分の1秒といった速度で加速的に低下し、周波数も維持できなくなってしまうからです。

　そこで、新しく電力を配電網に入れたいとするお宅に対しては、まずつなぎ込む配電網に流れる電流量に受け入れ量の増加余地がある場合に逆潮流自体のOKが出されることになっていて（このために誰もがPC上で、配電線を参照できる地図が用意されていました）、さらに、使用するインバーターは、アドバンスド・インバーターという、配電網の電圧が下がっても逆潮流を続けられるものを使うことが義務付けられているとのことです。また、太陽光の割合が高くなってきたため、最近は逆潮流ができる時間が、夕暮れ午後5時以降朝9時まで、といった一番電力の需給がひっ迫する時間帯に限られる契約なども出てきています（この場合の売却単価は15セント/kWhで、日本のFITより少し安く、卒FITの場合の売却価格より倍程度は高い）。さらに、料金制度も変えられました。裕福な家庭が大きな発電パネルと蓄電池を備えると、ハワイ電力からの買電が減って、ハワイ電力の収入が減ってしまい、その減収分が発電パネルを持てない裕福でない家庭の電力料金にシワ寄せされてしまう恐れが出てきます。このような悪影響を緩和するため、従来の従量料金制を改めて、消費の大小に関係なく25ドル/月の基本料金

を課す仕組みに変えて、裕福でない家庭への配慮をしました。このように、分散した零細な電源から買電しつつコミュニティ全体への電力の融通を円滑に行おうとすると、様々な技術的な工夫、そして接続ルールが必要になってきているのです。

　オアフ島では、個人宅の太陽光パネルだけでなく、今、続々と大規模な商業太陽光発電所や風力発電所が作られつつあります。19年末で能力310MWを擁し、20年に向けてさらに177MWを積み増すべく発電所が建設されつつありました。特筆すべきは、最近の発電所には、蓄電池の併設が義務付けられていて、例えば50MWの太陽光発電所には、208MWhのものが設置され、日没後4時間の電力出力を義務付けられているのです。それでも、日照などの自然条件がよいのでしょうし、買い上げの保証期間が20年の安定的な契約であるため、ハワイ電力へ卸す商業発電での売却価格は8～10セント/kWhと極めて安く発電できているようです。

　オアフ島の太陽光発電が、私企業の努力で、強力に進んでいる背景を見てみましょう。3つの理由があると思います。

　第一は、オアフ島などハワイ州は大洋の真ん中の孤島で、化石エネルギーは輸入するしかありません。総人口も少なく、発電設備も割高です。そのため、電気の値段がもともと高く、逆に言えば、再生可能エネルギーとの差額が小さく、それへの移行が比較的容易なことがあります。地産のエネルギーを利用することは、輸入代金の節約と、島内の雇用をはじめとした経済振興にも役立ちます。こうした離島ならではの経済的な事情が、ハワイ電力やハワイの経済界の背中を押していると思います。

　第二に、ハワイ州政府のはっきりした脱炭素の方針があります。なんと2018年

にハワイは州法をもって、2045年でのカーボンニュートラル（CO_2の排出を実質的になくすこと。脱炭素ともいう）実現を宣言しました。これがカリフォルニア州の同様の政策につながり、さらに、近年の欧州諸国そして日本の2050年でのカーボンニュートラル宣言につながっていきました。ハワイは、世界の脱炭素に先鞭をつけたのです。ハワイは、台風や海面上昇などの気候変化にとても弱い上、すばらしい自然が観光資源であって、環境を大切にする人たちが多く住んでいる場所です。サンゴ礁保護や海鳥保護などでも世界に大きな影響を与えています。

　物理的な条件に加え、政治的な意思があれば、再生可能エネルギーを日常に使うようになる仕組みが育っていくのでしょうか。第三の要因があるのです。それは、発送電、配電を担当する私企業に対して公益実現に寄与しなければいけないことを義務付ける法的な仕掛けがアメリカには備わっている、ということです。アメリカ本土の話を先にしましたが、ネイパービル市のような電力を市が直営している所ばかりでは当然なくて、大きな電力企業が電力の小売りをしている場所はいくらでもあります。例えば、シカゴ近郊では、コモンウェルス・エディソン社（ComEd）が支配的な電力小売り企業です。イリノイ州ほか多くの州では、電力といった生活必需品の市民への販売を私企業が認めてもらうに当たっては、州の公益企業委員会のような独立の裁定機関による公益確保の観点からの種々の条件付けをクリアーしないとならないのです。イリノイ州では、そうした条件には、日本にも見られる低廉な価格とか、安定供給の確保はもちろんとして、再生可能エネルギーの利用割合、一般需要家への節電取り組みの補助、配電網の善良な管理などといったことも含まれていました。ハワイにおいても、電力販売を独占する企業は細かくて厳しい規制をクリアーしないとならないことは同様で、ハワイ州法による脱炭素宣言を具体化する役割を果たすことをハワイ電力に強制する仕組みがある

のです。

　ハワイ州の再生可能エネルギーの今後の利用拡大の展望ですが、2045年の脱カーボンに向け、ハワイ電力は着々と手を打っていました。配電線に各種のセンサーやスイッチその他の装置を設けて過剰な電流の検知や電圧上昇の吸収を図る投資を続けています。また、周波数の安定に寄与するための火力発電として、化石燃料は使えなくなる以上、バイオマス燃料による火力発電所を2か所設けることとし建設を進めています。さらに、需要管理にも踏み込み始めました。それは、太陽光発電などが過剰なときは、電気湯沸かし器や電気自動車（同州ではすでに1万3000台が普及、普及率は1.25％）などの蓄電池に電力を使ってもらい、逆に、化石燃料を焚かなければいけないような事態を避けるべき時には、節電で需要を減らしたり、蓄電池の放電・逆潮流を進めたり、といった需給の調節を行う商売を認めることとしました。技術的には、あたかも発電量を調節できる発電所ができたようなものなので、「ヴァーチャル・パワープラント（VPP、仮想発電所）」とも呼ばれます。このような需給調節の仕事を担う組織はアグリゲーターと呼ばれ、電力会社と消費者の間に立つ、いわば中間管理職です。入札で公募し、まずは4社にお願いして需要の10％くらいを動かすことができればありがたい、とのことでした。ついでですが、マウイ島では、日本の新エネルギー・産業技術総合開発機構（NEDO）と現地との協力で、電気自動車や電気温水器と貯湯槽を電力需給の調整装置として使った実験的なVPP事業が行われていました。その考えがいよいよ社会実装されるわけです。

　問題は、こうした避けられない取り組みへの投資に伴って、どうしても電気の価格が上がることです。オアフ島では、電力の単価が40 ～ 60セント/kWhへの上昇が予想されています。そこで、スマートメーター化も始まっていて、所得の

少ない人でも行動を変えることで電気代の増加を抑制できるよう、時間帯別の料金（ダイナミック・プライシング）を導入することも検討されています。ハワイ電力の担当者は、これらを通じて、再生可能エネルギー起源の電力の割合が80～90%まではなんとかいけるのではないかと述べていました。おそらく決め手になるのは、太陽光だけでなく風力や地熱も豊富なマウイ島（同島の再生可能エネルギー起源の電力割合はすでに40%）やハワイ島からの再生可能エネルギー起源の電力の移送だと思われますが、「なんでオアフ島のために余分に発電するのだ」と反対する意見もあって、まだまだ現実的ではないようでした。

VPP を実装、宮古島をエコアイランドに

　島であると、化石燃料で作られる電気は割高になり、再生可能エネルギー起源の電気への乗り換えのハードルが低くなる、ということをハワイで見ました。日本にも多くの島があります。様子はどうでしょう。私はエネルギーの観点で、小さい島では鹿児島県・甑島（こしきじま）（中古の車載蓄電池の活用）、中くらいの島では長崎県・福江島（浮体風力発電や電気自動車の大量導入）、大きい島では鹿児島県・屋久島（バイオ燃料）などを見てきました。それぞれに学ぶところが大きいのですが、ここでは沖縄の宮古島のケースを紹介しましょう。

　沖縄電力は、2020年12月、国内の一般電力事業者の中では早い方（同年10月には、国内最大の火力発電会社JERAがカーボンニュートラルを宣言した）で、2050年での脱炭素を宣言しました。その背景には、ハワイと同じような状況、すなわち、高い値段で購入する化石燃料を減らし、地産のエネルギーを主力にしようとの動機があったと思われます。同社は、再生可能エネルギー主力化に向けた工程表の中にいくつかのプロジェクトを位置付けていましたが、その一つに、

来間島（宮古島の西方にある小島で、本島とは1.6kmの橋で結ばれている）でのマイクログリッド事業があります。宮古島市は、2050年には再生可能エネルギー起源の電力の比率を91.9%とすることなどを内容とする「エコアイランド宣言バージョン2.0」を2018年に決定するなど、豊かな自然環境と共生する島を目指し、そのための取り組みを着々と進めていますが、このマイクログリッド事業は、そうした島づくりの技術的な意味での試金石となる事業でもあります。

　この事業は沖縄電力ほか3社のジョイントベンチャーで、司令塔に当たるのは、ネクステムズ社の比嘉直人社長です。同社は、ハワイの事例紹介で紹介したアグリゲーターの役割を果たし、電力の需給調節を指令します。ジョイントベンチャーのもう1社、「宮古島未来エネルギー」は、51・52ページで紹介したPPAビジネスモデルで、現地での事業展開を目指します。具体的には、この会社の資金で、各ご家庭の屋根に太陽光パネルを置き（合計270kW 能力）、蓄電池（同360kWh 容量）を設けます。そして、こうした装置は同社の所有のままとして

宮古島未来エネルギー社が所有する太陽光パネルをつけた市営住宅（宮古島）

消費者に初期投資の負担は求めずに、ご家庭には発電した電力を今までの沖縄電力からの買電よりは少し安く買っていただく事業を展開します。この事業では、アグリゲーターからの指示に従って、余剰電力を蓄電池に溜めたり、あるいは、配電網に逆潮流したりといった操作を宮古島未来エネルギーが行うことになります。こうした操作を行うことで、せっかく生まれた再生可能エネルギーがご家庭間の相互融通を通じて無駄なく利用されることになります。つまり、ハワイで紹介した仮想発電所VPPが実装されることになるのです。

　さらに、この配電網は、災害時に宮古島本島が被災して本島からの電力が期待できない時は、来間島だけが自立して、島内の電源の発電や蓄電池からの放電を元に電力を近隣で融通し合えるように設計されています。それが、マイクログリッド、つまり小さな配電網、という言葉を使う意味です。特に沖縄では強い台風による被害が顕著です。災害対策としても、配電網のこのような形での整備と運用は大いに役立つのです。

　沖縄電力は、来間島の配電網を宮古島未来エネルギー社の設備が発電あるいは放電した電流を流すために使わせ、宮古島本島との間の必要最小限の電力のやり取りが確保されるようバックアップするほか、現地に蓄電容量800kWhの調整用の電池を設けて、配電網の安定を最終的に確保します。い

熱血漢の比嘉社長

わば、オアフ島のハワイ電力のような立場です。

　来間島では島の東側にある集落を挙げて面的にこのグリッドにつながります。この集落こぞってスマートなグリッドにつながるところが本邦初演なのです。実は宮古島本島では、虫食い状ではありますけれど、このPPAモデルによる事業がすでに行われています。比嘉社長は、電気技術や電力企業経営を熟知した熱血漢で、自分で装置を工作したり、メーカーと掛け合い、塩害の厳しい島の環境でも長く使える仕様の発電パネルや蓄電池、遠隔操作のための通信装置などを開発したりし、住民の方々の賛同を得て使ってもらい、そして沖縄電力の売電価格を下回る値段での電力供給がビジネスとして可能なことを確かめたのです。その値段で電力が作れると言うことは、沖縄電力にとっても良いことです。というのは、沖縄本島並みの値段での宮古島や来間島での電力供給は、同社にとっては赤字拡大を意味するからです。比嘉社長は住民が喜ぶだけでなく、地域の配電会社も喜ぶソリューションを目指し、それを可能にしたのでした。

　個人的な話で恐縮ですが、比嘉社長には何度もお目に掛かりお話を聞く機会がありましたが、そのたびに、比嘉さんは、本当に典型的な起業家だなと感銘を受けます。起業家には、天の利、地の利、人の利が必要と言われますが、脱炭素により環境保全とレジリエンス強化を実現するというミッション、沖縄・宮古島というフィールド、そして、沖縄電力を含めた人の輪、と三拍子が揃っているのです。ビジネスの成功を期待します。

福島の送配電の取り組み、葛尾村の配電会社の頑張り

　沖縄の離島では、配電網を持つ一般電力事業者と新興のアグリゲーターや第三者所有ビジネスモデルの会社（PPAタイプの事業者）とが共存共栄しながら、

再生可能エネルギーを近隣で融通し、最大限活用する事業ができるようになりました。では、本州ではどうでしょう。化石燃料を離島よりはるかに安く利用できる本州では、関係者の協力よりも競争の方が常態であるかもしれません。いや、そうではなく、本州でも配電網は環境保全や災害への強靱性確保などの公益実現、そして住民の利益実現を専らにして、経営されるようになってきているのでしょうか。果たしてどうなのか、現場を見てみましょう。

　日本では、発電事業と送電事業とが分離されることとなり、それぞれの経営合理化をしつつ、発電の種類や会社の種別によらない公平な送電線へのつなぎ込みを図ることが始められつつあります。また、小売業は自由化され、要件を満たせばいろいろな企業が自由に電力を仕入れ、消費者へ販売できるようになっています。その中には、すでに紹介したみんな電力やLooopでんきなどのように、再生可能エネルギーの利用拡大を目指し、自社発電所を持ったり、それを重点的に仕入れたりして販売する会社も出てきています。けれども、送電網の公平な開放は緒についたばかりですし、まして配電網は、誰がどのように運営するか自体が不透明な状態です。配電網の経営を許可制にする方針だけは経済産業省から出てはいます（2021年2月現在）。このまま放置しておくと、悪く言えば、ハワイ電力がしているような太陽光発電などの逆潮流の増加に耐えうる配電網への設備投資、沖縄電力が行う配電網安定化の大規模蓄電池の設置などを実行する動機や意欲が配電事業者に生じなくて、事なかれ主義がはびこってしまうかもしれません。極論すれば、送電網の利用開放も不徹底で、さらに、低圧の電力の配電網では、その利用料金を不安定な再生可能エネルギー起源の電力が流されるときは高くする、といった邪魔だってされてしまうかもしれません。再生可能エネルギーによる発電の可能性が高くとも、あるいは再生可能エネルギー起源の

電力を買いたい人がいても、送電線や配電網が受け入れてくれないためにその機会が失われてしまう可能性だって、ないとは言えません。現場はどうなっているのでしょう。

　そうした日本で、最も再生可能エネルギーの開発に熱心な県はおそらく福島県でしょう。なぜなら、同県は福島第一原発の事故により、原発の危険を現実に体験し、さらに大規模な発電所にエネルギー供給を委ねることの危うさにも気づき、地産の再生可能エネルギーを徹底的に使いこなす道を選んだからです。私は、この福島県をいわば日本の代表としてこれまで何度も訪れています。

　同県の目標は2040年において、県内で需要されるエネルギーの総量（燃料として使われるものに加え、電力として直接生産されるものや、電力に変換するために燃やされるものの総合計。一次エネルギー需要とも言う）に対して、県内で生産される再生可能エネルギーの総合計量がそれと同量以上にすることです。そこに向けて、20年度、そして30年度の中間目標が設けられています。足元の20年度目標はおよそ40%を達成することで、実績の直近数値が17年度で30.3%であり、20年度の中間目標は十分達成できるとされています。電力以外のすべてのエネルギーの再生可能エネルギー化ですから、全面的な脱炭素化を目指していると言え、すごいことだと評価できますし、その達成に向けて確実に歩みを刻んでいることも見て取れます。ただ、電力について見ると、FITの電源として福島に立地する発電所の再生可能エネルギー起源電気の炭素排出係数がゼロの価値は、FIT賦課金を払っている電力消費者全体に分け与えられてしまうという制度上の割きりがなされていますので、20年度目標を達成しても、福島県内にあるご家庭や事業所の電力の炭素排出係数が4割改善するというわけではないのです。ややこしいですね。しかし、前述のハワイなどと比べても5年早く、そし

て日本全体に比べ10年早く脱炭素をしようと着実に歩んでいるのですから、やはり福島の覚悟は違うな、と感動するところです。

けれども、ハワイがすごいところもあります。それは配電線にたくさんの太陽光パネルがくっついていて、そうした管理の難しい配電網に流れる電力の品質確保をハワイ電力が一生懸命行っている点です。福島の場合には、FITのもたらす経済的な有利さに着目し、大規模な太陽光発電所や風力発電所は、高圧線につながってその電力を首都圏へと売っていて、地域の消費には供されていないのです。

じゃあ、高圧線につなぐのは簡単なのか、と言うと、これまたそれなりの苦労があるのです。その苦労をしょって立ってきたのが、福島発電株式会社の前社長であり、福島送電合同会社（現在は株式会社に変更）の社長だった鈴木精一氏です（**写真**）。沖縄の比嘉さん同様に熱血漢で、2015年までは福島県庁で産業振興のために働いていました。鈴木さんは、発電会社では計5MW弱の太陽光発電所を建設、運営して売電を行い、大規模な太陽光発電所や風力発電所の開発にも参画し、送電合同会社では、県東部浜通りの太陽光発電所11か所から受け入れた合計最大235MWの電力を延長53kmの送電線で一般電力企業（東電）の超高圧送電線につなぐ（最終的には50万Vで首都圏へ送られる）

福島空港で高校生たちとポーズをとる鈴木氏（中央）

工事を行い、2020年初めまでに完成させました。東日本大震災の被災地復興の
ために浜通りに太陽光発電所を設けることは当然ですが、遠隔地へ電気を運び
出す高圧の送電線が福島には原発用を除き乏しかったことから、太陽光発電会
社が共用できる送電線を自前で建設することになったのです。

　地域の再生可能エネルギーを大規模に開発しようとしても、その電気を運び出
す算段がない、というのが日本各地の現実です。仮に既存の高圧線があった場
合にも、他の高圧線経路が故障遮断して電流を迂回させなければならない場合
に備え、物理的には流すことのできるはずの電流量の半分しか使わない、という
ルール（N-1〈エヌマイナスイチ〉基準とも言う）があり、送電線をこれまで建設
し管理してきた一般電力企業は、新参者の再生可能エネルギー発電会社に対し
て高圧線を使わせることには極めて慎重な態度を取ってきたのも事実です。普通
の発電企業であれば、発電所を建設するのを諦めてしまうでしょうが、へこたれ
なかったのが鈴木さんでした。経営の異なる多くの太陽光発電所や風力発電所
を糾合し、皆の資金を集めて、民間独自の送電線を引いてしまったのです。浜
通りの共用送電線の建設には、総額約290億円かかるそうです。福島送電株式
会社は、今度は浜通りと中通りの境の稜線にある風力発電所や太陽光発電所を
つなぐ延長約30kmの共用送電線の建設を進めています（次ページに図）。

　発電した電気を既存の送電網につなぐ苦労は事業者さんの苦労であって、電
力の消費者には知らないで済ませられることでしょう。けれども、そのような苦労
が各地であって、そのために、再生可能エネルギー起源の電気が消費者になか
なか届かないことの原因になっているとすると、エネルギー使いの上級者としては
見捨てておけないはずです。私たちは何ができるのか、それは、次の章で考え
てみましょう。

今、鈴木さんは副社長として、社長である地域の副村長さんと二人三脚で力を入れているのは、再生可能エネルギー起源の電力を地産地消する配電・電力小売り会社（葛尾創生電力株式会社）の育成です。

舞台は葛尾村。福島市の東南方の山間地（送電線の地図では左上方）に位置する、人口は原発事故前で1400人（現在は400人程度）の小さな村ですが風光明媚で、また全戸に光ケーブルを敷設するなど、少ない人口を逆手に取り、村落暮らしの高度情報化を進めている村です。ここでのスマートコミュニティ事業は、1.2MW能

阿武隈・沿岸部共用送電線の整備イメージ

凡例
- ━━ 共用送電線ルート
- ☀ 太陽光発電所計画地
- 🌀 風力発電所計画地

南相馬市

葛尾村

浪江町

田村市

南いわき開閉所

双葉町

大熊開閉所（福島第一原発構内）

大熊町

新福島新変電所

川内村

富岡町

楢葉町

いわき市

92

力の太陽光発電設備、容量3MWhの蓄電池が中核にあって、電力消費側には、村の中心集落の役場や事業所、一般住宅があり、災害時には移動できる給電設備として使える2台の電気自動車を用意しています（イメージ図）。こうした需要先への給電には、上述の太陽光パネルに加え県内の再生可能エネルギー起源の電力や、電力卸売市場から購入した電力が充てられます。そしてとても重要なことは、供給側と需要側を結ぶ配電線が、なんと自営線であることです。これら発電配電のシステム一式の投資額はしめて約8億円です。その3分の1以上を占めるのが自営線関係の投資です。自営線とした理由は、中心となる太陽光発電設備からの電流を受け入れるには既存の配電線が容量不足なのに、かつての一般電力企業がその強化に乗り気ではなかったことにあります。新生の地場の電力小売り企業のためにわざわざ一肌脱ごうとは思ってもらえなかったのです。な

葛尾創生電力事業のイメージ図

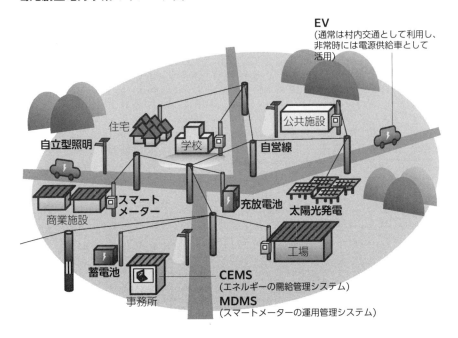

らば、既存配電線を借りずに、自営線を引こう、と、鈴木さんは決断したのですが、その後も大変だったそうです。例えば、既存の電柱を借りて電線を引くことも許されず、また、国道脇の側道部分に今以上の本数の電柱が建つことも道路管理者から拒まれたそうです。こうした難題を乗り越えながら2020年11月には電力の小売りを始めるところにまで事業は進んできました。小売り電力企業の選択は、消費者の自由に委ねられていますので心配はありますが、村民の多くが地産電気の地消による地域振興に賛同してくれるといいなあ、と期待するところです。

　津波に襲われた東日本大震災の被災地では、災害対策も兼ねて再生可能エネルギーを使おうと一生懸命取り組んでいる場所はたくさんあります。私も、岩手県の久慈市や野田村（バイオマス利用）、葛巻町（風力とバイオマス活用）、紫波町（バイオマス熱供給）、宮城県の南三陸町（生ごみ活用）、福島県の新地町（LNGコジェネ）、浪江町（水素製造）などを見学させていただきました。中でも、葛尾村のように、自営の配電線を設けてまで地域の太陽光で発電した電力を流して地域で使うことに挑戦している所としては、東松島市（宮城県）のケースがあります。ここでは、津波が市街地の6割以上を襲い、1万1000棟が全半壊する大被害を受けました。災害へ強いまちとするため、市は市営の災害公営住宅85戸を防災エコタウンとして建設しました。住宅の躯体は積水ハウスで、良い環境性能のものです。この街区には、約0.5MWの太陽光発電パネル、容量約0.5MWhの蓄電池、非常電源としてのディーゼル発電機からなるエネルギー供給のいわばセンターが設けられました。これの設備からは、延長5kmの自営線が、各住戸を結ぶだけでなく、被災時にはBCPが重要な病院にも給電をしています。ここでも、自営線を既存の電柱を借りて既存の配電線と同じように架設することが当初は検討されましたが、災害の停電時の配電線修復作業中に、通電

している自営線がそばにあると紛らわしく危険なので、併架は不可ということになったそうです。そのため、膨大な費用を掛けて自営の配電網が建設されました。私が見学して思ったのは、既存の配電網が、被災時には、一般の商用グリッドから切り離されて独自に電力を使える一方、通常時は、太陽光発電設備や蓄電設備からの電力で不足する分だけを一般の商用グリッドからもらえるような、半独立のグリッドの仕組みができないか、ということでした。

　これまで国民が支払った電気代で整備されてきたせっかくの身近な配電網を、再生可能エネルギー起源の電力を近所で融通し合えて、また、災害時にも電源が生き残れて皆で使えるようなものに変えていく取り組みがすでに始まっています。ビジネス上のそうした挑戦を沖縄宮古島のケースで見ました。しかし、これが、震災復興の中で再生可能エネルギー活用をとても大事にしてきている福島をはじめとした東北でまだ実現できていないことはとても残念なことです。

シュタットベルケ…ドイツに定着した公営ビジネスモデル

　既存の配電網を極力活用しながら、市民に対してより多くの再生可能エネルギー起源の電力を届けようとの取り組みに関して学ぶべきは、ドイツです。

　ドイツには、東京大学の社会連携プロジェクト「未来社会創造プラットフォーラム」の活動の一環で、大学の先生やパナソニックなど企業の人たちと一緒に2020年のお正月、コロナ禍のギリギリ前に行きました。風力発電の余剰電力を水素に変換したり、電力として貯蔵することで効率よくエネルギーを保存する手法の研究など発電側も見学しましたが、より興味を引かれたのは、配電網など消費者に近い所の取り組みでした。

　そのために訪れたのは、ドイツ西部のデュセルドルフ南方のエルスドルフ市で、

かつては褐炭採掘で栄えた地域です。褐炭関連の産業から、新時代のグリーンな産業で地域を支えることに向けて真剣な取り組みが行われています。その一環として、「キリヌス・プロジェクト」というのが進められていて、これは地域の配電網の物理的な強化はあえて行わないで、地域にある再生エネルギー起源の電源の発電量の90%を配電網が受け止めるようにするものです。また、同時に地域を超えた高次のグリッドに事故があってそこからの電力供給がなくなった場合にも地域の配電網がそこから離れて最低限の電力を供給していけるようにする研究も行われていました。

　そのプロジェクトの中央指令室では、総延長なんと1万8000kmの配電線を監視して、そこにつながれている合計能力700MWもの再生可能エネルギー電源からの電力をつつがなく受け入れる配電網の管理を実験しています。ここで使われている技術は、それぞれの配電線に流れるであろう電流の量を、天候、社会的行事などの様々な条件から予測し、特定の配電線が許容できない電流量を受けることになりそうなら、そうならないよう、例えば工場など大口電力消費者の稼働状況を事前に調節したり、再生可能エネルギー電源からの受け入れ量を制限したり

簡素で見やすい機能を備えた「キリヌス・プロジェクト」の指令室
（写真は同プロジェクトから～）

するものです。もちろんそうした1日タームの事前制御や時々刻々のコントロールも
できるのですが、同じ発想で、仮に高次のグリッドからの受電をするなら、どこで
受電し地域の配電網に流すのが良いのか、も検討できますし、将来、再生可能
エネルギーで発電する新しい電源ができるとしたら、その電力はどこで配電網へ
受け入れるのがいいのかも検討することができる、と聞きました。

　日本でも、身近にある太陽光パネルなどから逆潮流を無駄なく受け入れる配電
網管理が行われるようになるとしたら、こうしたテクニックを使って配電網を管理
する事業組織が地域にいないといけなのだな、とイメージができました。いわば、
総括アグリケーターとか、配電網管理事業者とか言ったらいいでしょうか。

　東大の社会連携プロジェクトの一団が次に訪れたのは、オズナブリュック市の、
いわば半官半民のユーティリティ企業・シュタットベルケです。オズナブリュックは、
デュッセルドルフよりも少し北に位置し、ウエストファリア条約〈注〉が結ばれた平
和のまちとして名前が知られています。ここでは、市役所が環境対策に力を入れ
ていて、連邦政府よりも厳しいCO_2削減目標を構え、その達成のために極めて即
地的でリアルな政策が行われていました。例えば、空から撮影した赤外線画像で、
断熱が不十分な建物を発見して断熱強化を促したり、陽当たりが良いのに発電
に使われていない屋根の持ち主に太陽光パネルの設置を働きかけたり、といった
政策で、その面倒見の細かさにびっくりしました。シュタットベルケは、地方公営
ユーティリティ企業と言ったらいいでしょうか、文化的にはドイツ独自の事業組織
です。ドイツ全土で数千はあると聞いたことがあります。その一例として、オズナブリュッ
ク市のシュタットベルケを訪問しました。

　その経営の意思決定には自治体やその職員、そして市民代表なども参加して
いて、自らの資産を持ち、公益事業を営んでいます。同市のシュタットベルケでは、

※ウエストファリア条約：17世紀、ドイツを舞台にした欧州最大規模の宗教戦争「三十年戦争」
を終結させた講和条約

市の100％出資と料金収入で事業が運営されています。電力の市内配電網を所有し、その管理をするとともに電力小売りを行い、市中心部ではバイオマスで加熱した温水の供給事業、そして電気バスもあるバス事業、温水プールなどを供する健康事業などを行っています。

　ドイツでは、以前は配電網はそれぞれの自治体の所有でした。オズナブリュックでは、電力事業の民営自由化の中でも、配電網を発電などの大企業に売却せず、ずっとシュタットベルケが自力で管理しています（シュタットベルケは、市の直営ではなく、独立した法人格を持つように改革が行われています）。しかし、配電網を私企業に売り渡してしまった自治体は結構な数に上るようです。ところで、ドイツでは、配電網につながる再生可能エネルギー起源の電源はすべてFITで買い上げられ、物理的には電流は配電網を流れるにせよ、そのCO_2フリーの電気が地域の配電網に帰属することはありません。葛尾村や東松島市の、自営線によるマイクログリッドのように地域でその電源を囲い込むことはされていないのです。それでも、オズナブリュックのシュタットベルケは、配電網へ極力多くの再生可能エネルギー起源の電力が入ってくるようにその運営管理をしています。さらに、市内の住宅や事業所に新しい太陽光パネルを設置することも支援しています。基本はPPAタイプの事業（屋根借りして、電力を消費者に買ってもらうビジネス）で、そうした条件の良い屋根にシュタットベルケの費用でパネルを置き、その電力を自家消費してもらうとともに、余剰があればFITで売る仕組みです。その余剰電力の環境価値（CO_2フリーとしての電力の量）はオズナブリュックに帰属しなくとも、市内の電力購入量が減ることで、前述した市独自の厳しいCO_2削減目標の達成に貢献できるのです。

　ドイツでも電力小売りは自由化されていて、オズナブリュックの市民も同地のシュ

タットベルケ以外から電力を購入することはできます。けれども、市民の7割はシュタットベルケから電力を買ってくれているそうです。単価は38円/kWhと結構高価なのですが、シュタットベルケが選択される理由は、同社が地域に対しバス交通とか温水プール健康ランドの提供とか多くの利便をもたらしていることが評価されている結果ではないか、と先方の担当者から説明を受けました。

　私としては、配電網を再生可能エネルギーが極力活用されるように運営管理することは、地域から選出された事業主体が担うのが適切な仕事だと得心しました。しかし、同時に思ったことは、シュタットベルケが連綿と、配電網の維持管理をしてきた、その経験や人的な技量の蓄積がなければ経営形態だけ真似してもなし遂げられる仕事ではないということです。これまで見たネイパービルの市役所のユーティリティ部局も、ハワイ電力もそうでした。人、技術、そして経験が肝心なのです。

第5章
東京や大阪で
できること

本書は、東京・世田谷の自宅のエコハウスについての説明から始めました。そして、国内外の取り組み紹介では、アメリカからヨーロッパ、そして沖縄、東北を巡ってきましたが、最後にまた東京へ話を戻します。大阪や東京といった大都会では何が可能なのでしょうか、このことについて見てみます。

　東京ではコロナ禍で延期されましたが、五輪とパラリンピックが今年（2021年）開かれることになっていて、また大阪では2025年に万国博覧会が開催されることになっています。これらの国際的な大行事を、それぞれの都市が21世紀の新しい持続可能な都市の在り方を示す格好の機会ととらえ、さまざまな取り組みを具体化させつつあります。

　両者に共通するのは、水素を日常生活で使えないか、ということです。東京では福島県浪江町で太陽光発電や系統電力を使って水を電気分解して水素を製造、これをタンクローリーで運んで豊洲のオリンピック選手村に届け、燃料電池を動かして電気や温水を発生させるだけでなく、会場などをつなぐバスにも供給して、水素燃料電池による電動の交通手段を提供する計画です。しかし、オリンピックの後に水素をどう使っていくかはまだはっきりしません。ベイエリアで世界最先端の環境まちづくりを行う構想がありますから、そこで、水素ガスの配管ネットワークが作られるかもしれません。大阪での具体的な水素利用の姿もまだ明らかではありません。けれども、関西発の核になる技術はあります。兵庫に本拠地を置く川崎重工では、オーストラリアで製造した水素を液化して船に積み、日本で荷下ろしする、という実証事業をすでに始めています。私は、オーストラリアの積み出し港も、神戸のポートアイランドの岸壁も訪れました。水素液化装置から、液化水素タンカー（**写真**）、荷受け設備や液体水素の大型球形タンクまですべて、この事業で作ったもので、日本の技術の塊とも言うべきものを目の当たりにして感激しま

した。液化水素の長距離輸送の技術ができたのですから、大阪万博では国際的な水素供給と利用の仕組みを見せることができるかもしれません。

　水素が先端技術であることはもちろんですが、残念ながら私たちの住んでいる場所が水素の恩恵を受けるのはまだ先になるでしょう。身近な場面で比較的早く手が届きそうなのは、バスや物流車両など走る場所が決まっている業務車両を燃料電池で動くものに変えて日常的に使って行くことです。この点でもしかして私たちが町で見かけることができるかもしれないのは、セブンイレブンなどコンビニ大手3社に対し、トヨタが燃料電池駆動の新型小型トラックを提供して始まった日常販売品の配送実証事業です。セブンイレブンでは店舗に燃料電池を置いて、日常業務の電力に水素由来のものを使う取り組みも始めています。

　水素は、電気を生むだけでなく、熱を生むこともできます。日本のようにCO_2のほぼ半分が化石燃料の熱利用に由来している国では、水素を燃料として使うこと

提供：HySTRA

液化水素タンカー、奥に液化水素の大型球形タンク

が脱炭素を図るための必須の技術となります。ただ、一つ注意が必要です。水素を、例えば石炭火力の生む電気で作ったのでは、CO_2は減らないだけでなくさらに悪いことには、せっかくの電力エネルギーのうち水素に変えられるものが90%くらいですから、差し引き、CO_2を増やしてしまいかねません。従って、CO_2を減らせる水素は、太陽光発電や風力発電の電力が余っている時にそれを使って作った「グリーン水素」と呼ばれるものでなくてはいけません。

このグリーン水素の日常使いが現実になっている場所は、世界にはまだありません。私が訪れた中で、そこに王手を掛けている所には、オーストラリアのアデレート市（南オーストラリア州の州都）のミッチェルパーク地区（710世帯の普通の住宅街）があります。隣接地に設けられる1.25MW能力の水電解装置（浪江町のものの8分の1スケール）によって、同州ではすでに50%を超えている再生可能エネルギー起源の電力の過剰時に水素を製造した上、この水素を同街区の天然ガスの都市ガス配管に混ぜて供給することが計画されているのです。最初は5%を混ぜ、ゆくゆくは10%まで混ぜていくとのことでした。この取り組みがどうなったのかはぜひ稿を改めて報告したいと思います。

オリンピックの選手村や万博の会場ならともかく、グリーン水素を日常に使うのは今の日本では夢ですが、現有のエネルギー・インフラや制度の下でもできそうな取り組み、特に大都会の身近な場所で再生可能エネルギーを互いに融通し、利用を増やしていけるような手はないでしょうか。

RE100など世田谷区の先進的取り組み

私は2015年以来、地元世田谷区の環境審議会で会長をしています。いろいろな情報を集めながら、2050年脱炭素を目指す新たな温暖化対策計画の作成

に向けて、審議会は活動中です。この世田谷区という、住宅がほとんどのまち
で何が行われているかを、いわば都会の代表選手として紹介します。

　世田谷区の人口は92万人（2021年4月）を数え、政令指定都市並みの大きな
まちです。人口は微増（2010年比5万人増）している一方で、エネルギー消費
は減り気味です。区民1人当たりで見ると、電気は10年の約2000kWh/年から18
年の約1500kWh/年へと25％減り、またガスは同じく10年の約262㎥/年から18年
の約230㎥/年へと12％減っています。全国的な節電・省エネ意識の高まり、家
電の買い替えや、建物の断熱化などが寄与してきたのだと思います。さらにその
上で、太陽光発電も普及してきました。20年9月時点での推計では、区内の太
陽光発電設備の能力は合計約12MWです。1kW能力の太陽光パネルは年間で
だいたい1000kWhの電力を生むと言われますのでこの関係を当てはめると、総
発電量は12000MWhとなります。これは、区内の消費電力量の0.9％に相当しま
す。区内の自家発電量のうちの大きな割合はその場で自家消費され、残りの余
剰分のほとんどがFITで販売され、薄く広く全国の電力消費者のものとなってしま
います。このため、制度的には、再生可能エネルギー起源電力の区内での相
互融通量はほとんどない、と言えましょう。（ただし、電力自体は、物理的には、
太陽光発電をしているお宅やビルの屋根からグリッドに逆潮流された後、近隣の
お宅で消費されています）。また、世田谷区内の配電網は、総延長約4800km
（6000Vのものが約2500km、100V・200V のものが約2300km。それぞれの長
さは電線自体の長さで、電柱間の距離ではそのおよそ3分の1の800km）にも及
ぶ配電線からなっています。この電線網は、その上流から来る電気がなくなった
時に、そこから切り離されて独立できる、いわゆるマイクログリッドになっていませ
んから、停電しても、区内のせっかくの自家発電能力が皆で融通されることはあ

りません。ちょっと脱線しますが、配電線の様子を見てみましょう。下の写真は、我が家の近所で撮った電柱です。一番上を走っているのが6000Vの三相交流の電線3本です。その下にトランスがあって電圧が100Vにまで下げられています。そして、その下の段に見える3本の電線が、三相100Vの交流を流して各家庭に電気を届けている電線です。三相100Vの交流電線からは、200Vの電圧が取り出せるので、電気エネルギーをたくさん必要とする大型家電も動かせます。しかし、最近は、光ケーブルも増えてきていて、まちの景色がまるでクモの巣みたいになってしまい、見苦しいですね。日本の人は、こうした見苦しい景色を敢えて無視する脳や神経になっているのか、頭上に電線があることにも関心がなく、ましてその電線がどんな役割をしているかを気に掛けていない人も多いです。そこで、閑話休題、説明してみました。

さて、大都会の配電網は、このような鳥観図になるのですが、事態は少しずつ変わってきています。

一つは、FITが10年を経過して卒FITするお宅が出てきたことです。我が羽根木エコハウスもそうですが、卒FITすると電力グリッドに逆潮流して売電しても売り上げ額は大幅に減ります。そのため、売らずに貯めて自家消費を

何本もの電線が複雑に走り、まるでクモの巣のようだ

増やそう、というお宅も出てきますし、どうせ売るなら、せめて意義のある売り先を選んで売ろう、というお宅もでてきています。後者の動きは、停電時に相互融通が実行できない点は同じでも、平常時には、近隣さんで再生エネルギーを融通し合うことに一歩近づくことができる取り組みです。そのことをもう少し詳しく見てみましょう。

　例えば、東京都は、都の施設へ供給される電力を全量、再生可能エネルギー起源のものに変えていくこととして、「とちょう電力プラン」（イメージ図）という事業を始めました。これは、東京都に電力を販売する小売企業が、そのための電力として、東京都内外の再生可能エネルギー発電電源からの電力購入に加え、都内の卒FITのお宅からの余剰電力を買い上げるものです。普通のお宅から見れば、この電力小売り企業を介して自分の電力を都の施設へ供給することになります。ありがたいことにこの事業では、東京電力エナジーパートナー社の卒FIT電源からの買電価格8.5円/kWhに、環境価値分として、1.5円を上乗せして10円/kWhにしてくれています。我が家では蓄電池を増強し、容量を3.8kWhとしましたが、この容量は電気冷蔵庫などを災害時にも2日間くらい使い続けられるようにと決めたもので、夏のように発電量が多い時は貯めきれず、余剰が出る予定です。その余剰は、東京都の施設が脱炭素を果たすために使って欲しいと思い、我が家もとちょう電力プランに申し込みました。ちなみに、この小売り電力企業は、

とちょう電力プラン事業のイメージ図

都有施設　　　　　　　小売電気事業者　　　　　電力　　卒FIT家庭

その他再エネ電力

出光グリーンパワー社です。

　世田谷区は、「せたがや版RE100」という取り組みをしています。本来の RE100は、自分の使う電力を全て再生可能エネルギー起源のものに代える、という運動です。世田谷区版とは、個々のお宅が自家発電を増やすだけでなく、電力の購入も再生可能エネルギー起源の電力を販売する小売企業を積極的に選んでいこう、という自主的な取り組みです。再生可能エネルギー中心の電力を販売していて、このせたがや版RE100に賛同している会社には、東急パワーサプライ社とみんな電力があります。この2社は区民消費者に対して再生可能エネルギー起源の電力を中心とした売電をするほか、卒FITの区民からの電力の買い上げも始めました。両社はともに世田谷に本社を置いていて、事業全体の仕組みは、とちょう電力プランとほぼ同じです（買い上げ価格は会社によって違うことと、売り先が役所には限られない点で違いがあります）。ちなみに世田谷区役所の本庁舎は、すでに100％再生可能エネルギー起源の電力で活動していて、区有施設全体の電力購入量では、16％が再生可能エネルギー由来になっています。

　このように、平常時に限られますが、既存の配電網を使わせてもらい、再生可能エネルギー起源の電力を融通し合うことができるようになりました。

　役所だけではありません。大手住宅メーカー「積水ハウス」（本社・大阪市）は、積水ハウスで家を建てた顧客の屋根に張っている太陽光パネルが卒FITしたら、そこからの電力を買い集めて自社の事務所や工場で使う電力を賄う仕組みにすることで、十分にRE100を達成できるとしています。自営線がなくとも既存の配電網を脱炭素に向けて使うことは企業にとっても現実的になってきているのです。

高額な託送料金を克服しよう

　電力は需要（消費）と供給（生産）とが釣り合っていないといけませんから、電力を市民から買って他の所に売る企業は、その消費量に供給量を釣り合わせる義務があります（同時同量原則と言い、正確には、30分間の積分値で需給を釣り合わせることとし、釣り合わせられなかった場合は高額のペナルティを払う仕組みになっています）。この義務が円滑に果たせるようになった背景には、スマートメーターの普及とブロックチェーンといった最近の情報技術の適用によって、電力の入りや出に関するトラッキング（追跡・分析）が可能になったことがあります。

　しかし、こうしてうまく需給を釣り合わせられる場合でも、配電網の所有・管理会社に託送料という賃借料を払わないとなりません。

　その託送料は、都内だけで電力の需給が見合った形で融通される場合でも、遠く、例えば東北との間で電力を融通する場合でも同額で、基本は電力小売り企業が、電力を受け入れる配電網所有管理会社に払えばいいのです。運ぶ距離によらない料金設定（政府の許可で決められる料金）なのは、私のような部外者には不思議です。そして、普通の生活者にとって困るのは、100Vといった低電圧の電力の託送には、1kWh 当たり7.45円という負担になり、事業者同士が使う高圧（ここでは6000V）での託送の場合が1kWh当たり2.3円なのに比べて、3倍以上の高値であることです（いずれも、東京電力パワーグリッド社の場合）。こうした結果、再生可能エネルギーを購入する消費者が支払う通常の低電圧の電力代金の3割近くが託送料になってしまうのです。もちろん、配電網を持つ会社にも言い分があります。低圧の、それも変動する電気を受け入れ、輸送しながら、配電網全体としてはそこに流れる電気の品質を確保することのためには、通

常の火力電源を焚き増して、あるいは揚水発電を行って不足電流を補ったり、火力電源を焚き絞ったりといった制御が必要です。その上、長い配電線の各所に変電設備を置いてそこを通す必要があって、手間が掛かるのです。

　けれども、低圧の余剰電力を皆で活用しようと思えば、高い託送料金が妨げになっていることは否めません。配電網の維持管理や経営を、どのような目的でもって行っていくかについて、私たちは、ドイツやハワイの例をすでに見てきましたが、これらにならい、日本でももっと工夫があっても良いように思います。

　この託送料金、すなわち配電網を拝借する料金が発生する理由が、配電網の維持のための投資や日々の需給調整の苦労にあるとすると、ハワイでも公式に登場しましたが、アグリゲーターという仕組みを日本でも活用することが一つの方向になるでしょう。

　国内では、大きな住宅団地が団地ぐるみのエネルギーマネッジメントをしている例が出てきています。例えば、約1500戸の「ふなばし森のシティ」（千葉県船橋市）では、一括受電した上で、団地の中の配電網は団地のコミュニティで管理されていて、時間帯別料金や消費量逓増制料金を独自に課すなどにより、買電量を制御し、支払い額を減らす、いわばアグリゲーター的な取り組みが行われています。

　けれども既存の配電網を活用する国内での実例は、中部電力が巴川配電線（電柱間距離で22km）で行った実験はありますが、実地の稼働例は、既に見た宮古島にまだ限られています。これに続くべく、釧路や小田原でも準備が着々進められていますが、実稼働にはもう少しの段階です。ここで、小田原の例を少し紹介しましょう。この事業（小田原地域マイクログリッド構築事業）は京セラが中心となって、地域の小売り電力事業者の湘南電力などが協力して行っているものです。ここでは、配電線の行き止まり、電柱間の距離にして800m位が、大災

害による広域停電などの、いざという時になれば配電網から独立できるようになっています。独立した時には、この区間に隣接する場所に設けられた50kW能力の太陽光パネルが生む電力を蓄えて3日間程度の自活ができるように設計されています。電力を一旦蓄え、電力の供給元となるのは、やはりここに置かれている1.5GWhの大規模蓄電池と、普段は各所で使われていて災害停電時には応援に参集するEV車2台の電池です。技術の肝は、この配電区域が独立した場合に電力の品質（電圧や周波数の安定度合）を保つために、正確にリズムを刻めるパソコンの負荷変動を活用することにあるそうです。自営線による独立マイクログリッドの心臓部分はガスタービンのように機械的な回転の仕組みであることが多いことに比較すると、脱炭素が徹底していると言えましょう。ところで、お気づきのとおり、配電網の利用は非常時なのです。しかし、平常時でも、面白い工夫がされることになっていますので紹介しましょう。それは、前述の50kW能力の太陽光パネルが発電した電力は、6000Vの交流に昇圧、変換されて、高圧電力の自己託送として、パネルの所有企業・湘南電力の親密な関係先が小田原市内に持ついくつかの施設に送られるのです（同時同量原則を守った託送を実現する技術システムはブロックチェーンによるもので、A.L.I.Technologies 社製）。低圧での託送は既に述べましたように高い料金を課されますが、ここでは高圧の託送なので廉価で済みます。さらに、託送された電力は、関係先で余りなく消費されますので、FITの賦課金を払わなければいけない電力消費には当たらず、発電原価と安い託送料金だけで使えるので、この事業は経済的に引き合うものになっています。結局、この事業は、広く一般の人々の間に再生可能エネルギー起源電力を融通することには当たりませんが、それでも、既存の配電網を、平時に、たくさんの人が活用する事業にはなっているのです。

既存の配電網を利用させてもらいながら再生可能エネルギーの利用を増やすことには課題があります。とはいえ、それに意欲を持っている企業は着実に出てきています。例えば、大阪ガスでは関西のご家庭に多量に普及した燃料電池、エネファームを遠隔操作して、配電網の安定に貢献する事業を構想しています。再生可能エネルギーがたくさんある時はエネファームの稼働を下げて配電網には余剰電力を入れないようにし、逆に再生可能エネルギー起源の電力が不足する時には、燃料電池の稼働を高めて配電網に電力を流し込みます。燃料電池だけでなく、家庭に蓄電池や電気自動車が普及すればその蓄電池も同じように使えるでしょうし、エコキュートの動かし方を遠隔操作し、再生可能エネルギー起源の電力がたくさん配電網に流れ込むときには、貯湯槽にお湯を貯めることで、その有効利用をするといったことも考えられます。技術だけに限れば、十分できそうな話です。実現のために今後考えられなければいけないのは、脱炭素を国民の利益を最大限確保しながら進められるように、配電網所有管理会社とアグリゲーターの間に仲のよい協力の関係を作り上げることだと思います。

　話が託送という仕組みに及びましたので、ここで、近所どうしを離れてもう少し離れた所から大都会へと再生可能エネルギー起源の電力を運んでくることについても現状を見てみましょう。熱は遠くへは運べませんが、電気は遠くまで運べる利点があります。また、大都会では電力需要が極めて大きいことから、太陽光発電の地産拡大に加え、再生可能エネルギー起源の電力を遠方から運び込んで都会で使うということも現実的なソリューションです。

　世田谷区の場合を紹介します。世田谷区の区有施設の電力消費量の16%は、前に書きましたように、再生可能エネルギー起源のものですが、実は長野県企業庁の持つ水力発電所の電力が区立の保育園に供給された分もすでにカウントさ

れています。今後、新潟県十日町市の温泉の地熱発電電力が区立世田谷中学校へ供給される予定です。区自身が遠隔地の再生可能エネルギーを購入するだけでなく、区民へも斡旋を行っています。例えば、群馬県川場村の木質バイオマス発電の電力が区民約40世帯に、また青森県弘前市の太陽光発電の電力が区民約60世帯に供給されるなど、自治体間連携による広域的な融通も広がりつつあります。

　南オーストラリアでのグリーン水素製造や川崎重工の液体水素タンカーもすでに紹介しましたように、国内での再生可能エネルギーの融通はもちろん、ゆくゆくは国境を超えた再生可能エネルギーの融通なども現実的になっていくでしょう。私たちは、地球を汚さないエネルギーの利用に関して、こうした多様な手段を持ち、主体的に選択をすることで、エネルギー使いの主人公、ひいては、地球の生態系の善意の管理者として自立していくことができるのだと思います。

　ここで繰り返しになりますが、エネルギーの上級使い手がまずしなければならないのは、省エネです。再生可能エネルギーが仮に潤沢に得られる技術的可能性があったにせよ、それを野放図に開発することは考えものです。省エネは基本の「き」として、忘れずにその可能性を探ってください。世田谷区では、区独自の施策として、蓄電池への補助があり、またそれだけでなく、省エネアクションポイント（節電量などに応じて区内の商品券がもらえる）や環境配慮型住宅リノベーション補助なども行っています。ついでですが、世田谷区での再生可能エネルギー政策に工夫が凝らされているのは、保坂展人区長のリーダーシップの下、専門の課が設けられ、今の池田課長でまだ3代目ですが、歴代、元気のよい課長さんが政策を担っているからです。

第6章

生活者目線で
物申そう

この小冊子の第1章、第2章では、まず、一つの家が健康や家計節約を目指しながら、どのようにしてエネルギーの独立に近づくことができるのか、を見てきました。さらに第4章、第5章では、近所どうし、さらにはもっと遠隔の土地との間で、再生可能エネルギーを融通し合って、地球に迷惑を掛けないで済む暮らしを実現する取り組みを見ました。

　力を合わせると、一軒の家で行うよりももっと大きなことを無駄を少なくして実現できます。そうです、技術的にできることはいっぱいあるのです。

　問題は、そうしたことを行う苦労や障害がひどいものでなく、実行することが報われるかにあります。そこで私たちの背中を押してくれたり、背負う荷を軽くしたりしてくれる仕掛けへの期待が高まります。そうした仕掛けとは、エネルギーの開発や利用に関連する世の中のルール、制度です。

　世の中のルールなどと言うと、何か他人事に聞こえます。誰か選挙で選ばれた人が、専門家と相談して作るもので、自分は唯々諾々と従うしかない、という感じに思われてしまいがちです。けれども、私たちは、エネルギー使いの達人になって、他の人々はもちろん地球の生態系にご迷惑を及ぼすところの少ない暮らしを実現する責任者、当事者なのです。当事者が力をふるえるようなルールを作るようにと発注する立場にあるのは、私たちなのです。

　読者の皆さんも、投票や意見照会、アンケート、世論調査などの機会に意見をおっしゃることが多いはずです。ぜひ、そうした機会を生かしてください。

　エネルギーに関連する政策は毎年変化しています。以下は、当面の議論に着目して、生活者、日常のエネルギー利用者がエネルギー使いの主人公になろうとすると、どんな意見が言えるかを私なりに手短に考察してみたものです。これを一つのヒントに、皆さんもこの分野の議論に今後大いに参入していってください。

　三人寄れば文殊の知恵、と言います。皆の知恵を集めましょう。そして、それぞれが力を発揮しやすくなって取り組みの力が増し、皆が大いにハッピーになれる、そうした社会的な舞台をつくりましょう。

お家のエコを支える政策

　最近の政策には、グリーン住宅ポイントという事業があります。これは断熱性に特に優れた住宅を新築したり、購入した場合にポイントがもらえるもので、一番高い場合には100万円相当を超えるポイントがもらえます。このポイントは、おそらく省エネ性能の高い家電などを買う場合に使えることになるのではないかと思われます。政策としては、大盤振る舞いと言えるものです。こんな大盤振る舞いは、コロナ禍で疲弊した経済を立て直すこととして、一石二鳥、三鳥で良いことができないかと考えて出てきたアイディアだろうと思われます。従って、今後もたびたび行われるとは期待できない政策です。この機会にエコハウスを建てよう、という人は乗ったらよい船でしょう。

　けれども、断熱性能が良い住宅は、このような奨励策がなければ増えていかないのでしょうか。この奨励策を実行するために必要な政府の資金は、結局は私たちが払った税金です。私たち普通の納税者が、わざわざお金を支払って、良い性能の住宅を建てる人を募っていることになります。どう思いますか。

　他方、例えば、住宅の防火性能を確保することについては、このポイント制のような奨励策、助成策は行われていません。住宅が密集した地域で、火事を他の家屋に広げないようにすることは、本人を含む皆のためであり、そのため、住宅の防火性能を高めることは、それぞれの住民、住み手の守るべき義務として構成されています。住宅の環境上の性能についても、これと同じに施主さん、住

まい手が自らの負担で必要な断熱性能などを達成しないといけないように、規制をした方がいいのではないでしょうか。家から熱を漏らしてしまう行為は、巡り巡って地球の温暖化を加速させる悪い行いであって、慎んで当然です。建築基準法なり、建築物省エネ法なりの関係法律がありますが、きちんとした断熱性能がない建物は建築できないとする規制を定める時期が来ていると思います。規制の現状はと言えば、面積300㎡以下の普通の住宅では、新築に当たって、その断熱性能を法律が定める性能にまで高めるよう努力することが施主さんの義務となっているだけで、結局は、性能を満たせなくても建築確認は受けられことになっているのです。

　その点徹底しているのはEUなど欧米諸国です。建築物の断熱性能の確保は建築主の義務です。日本では、普通の住宅では、達成することを奨励されてはいますが、義務ではありません。さらに求められる性能自体も日本で期待されている性能よりもはるかに優れたもの（下図）です。この図で、例えば横軸の東京のところを見て、そこを縦に上へ見ていくと（外国の同じ暖かさの地域での断熱基

日本と欧米の建築物の断熱性能の比較

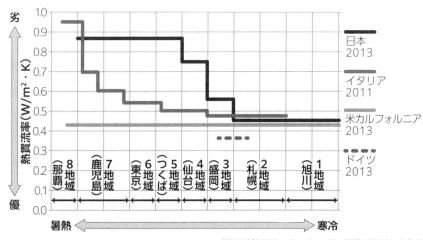

（注）建築環境・省エネルギー機構の資料から作成

118

準を見ていくと）、日本で期待される断熱性は、欧米で求められる断熱性よりほぼ半分程度の低い水準であることが分かります（縦軸の数字が大きいほど、たくさんの熱が逃げる=断熱性能が低い）。そして、私が感心しているのは、賃貸物件についてさえも、賃料は安いが住んでみたら断熱性能が劣っていて暖房をガンガンしないと暮らせない、といった建物を排除する仕組みを持っていることです。お客さんが良いというなら、それでいいでしょ、といった、営業の自由、契約の自由よりも環境を守るという公益が勝っているのです。写真はヨーロッパの街角に当たり前にある不動産屋さんのガラス窓に張り出されている広告です。広告には、EU指令に基づく簿グラフの様式で断熱性能を表示しています。これはその賃貸物件に住んだら普通はどのくらいの量のエネルギーを使わないとならないかを示していて、広告されている物件の、優劣具合が一目で分かるように表示されています。

お客さんにしてみれば、賃料自体が安くても負担する暖房代が高いなら、その合計で安い負担の物件がいいとなって、断熱性の悪い物件は賃貸市場で競争力がなくなってしまうのです。イギリスでは、さらに厳しくて、一定の断熱性能がない物件は、そもそも賃貸に供してはいけないことになっています。

　欧州でできるのに、日本ではできないはずはありません。地球に迷惑を掛けることを前提に費用を惜しんで建築をしてしまう人がいますが、そうした人たちを正しい道に導くために、善意の国民が納める税金を使うことはそろそろ卒業

不動産店に張り出されたチラシ広告。チラシには断熱性能が棒グラフで示されている

し、規制的なルールを活用するようにしていきましょう。税金は、本当に優れた先導的な取り組みをする人を応援するために使った方がよいと私は思います。

　規制的なルールと言えば、日本では採用されていないですが、私は「ソーラー・オブリゲーション」というルールに惹かれています。スペインが起源です。これは、考え方としては、建物の建築や、街区の開発に当たって、太陽光発電や太陽熱利用ができないかをまずもって考えなさい、というものです。発祥地では厳しい義務になっているようですが、仮にそう厳しいものでなくても、導入してみる価値はあると思います。そう言いますのは、せっかく、発電などに向いた陽当たりに優れた屋根を持っているお宅でも、それが老人世帯だったりすると、わざわざお金を掛けて太陽光発電を始めても投資額を回収するまでに寿命を迎えてしまうのではないかと思って、太陽光パネルの設置を控えてしまいがちになるからです。他方、今日では、建物は長持ちになってきていて、中古住宅市場で資産価値を評価していく動きも出てきています。実際、アメリカでの私の経験では、元々、中古住宅の不動産価値は高く評価される市場があるので、老人世帯であっても、太陽光発電や太陽熱のパネルへの投資には、特段の躊躇が見られませんでした。日本では、太陽光パネルが付いた建物の不動産価値がどう評価されるかは未知数ですが、パネルが安くなって、前に説明したPPA事業モデルがすでに可能になっているので、老人世帯でも太陽光利用などをためらうハードルは低くなっています。仮に、代替わりした場合の次の住人とPPA事業者との間の契約の安定性などを確保するようなルールと組み合わせると、日本版のソーラー・オブリゲーションも具体化できるのではないかと夢を膨らませています。

　ソーラーを活用することが、義務に近づいていくと、他方で、義務を果たしてお家のエコを高めるためには、お家の陽当たりを社会的に確保することも大切に

なっていくはずです。建築基準法のルールと都市計画の規定との組み合わせで、建物の高さ規制や日影に関する規制、北側斜線規制などが行われていますが、これからは、陽当たりを確保するための一層きめ細かな都市計画・建築規制上のルールづくりを開発していくことが必要になるのではないでしょうか。都市計画の見直しは、今日では誰でも発議、提案できるようになっています。読者の中に提案に挑戦される方はいらっしゃいませんか。

　お家レベルで可能なエコ向上策の最後に、その基礎の基礎、データの重要性に触れておきたいと思います。それは、お家の、電力やガス、水道の検針のスマート化ができれば、膨大なデータが集まるようになり、そのようなデータの公益的な活用が可能になるということです。メーター類は、配電網の方に属する機器なのですが、その数値を見て、支払うだけでなく、住まい手が自らの行動を評価し、改めていく場合の拠り所になる重要な機器です。しかし、日本では、電力メーターのデジタル化が進みつつある一方、水道メーターはいまだに羽根車式のアナログで、人が検針するもので、アメリカなどで採用されつつある電磁式のメーターが低流量の水道消費までをきちんと測って、データを自動転送できるのに比べ正確性にも迅速性にも欠けるものです。そうした基礎部分の強化を、暮らし手の方からもぜひ要求していくべきと考えます。リアルタイムの精度のあるデータが活用できるようになれば、お家のエコをもっと強く進められる知恵も技術も出てくると思います。前に紹介したVPPも実現されていきましょう。しかし、電力メーターやガスメーターはデジタル化しても、電力、ガスの小売が自由化されたために、かえって、データ全体は集められなくなったようにも感じ、残念に思います。個々のデータは、本当は、私たち住まい手の所有物です。それを公益的に使うのでデータを自治体に対して開示しろ、と私たちは要求できる立場にいるのです。

近隣配電網レベルの協力を支える政策

　今日の技術進歩を踏まえると、太陽光発電などの自家発電ができるお宅では、早晩、蓄電池を据え付けることになろうと思います。あるいは、電気自動車がいきわたって、その蓄電池が当たり前のように家の電源に使われるようになるかもしれません。それにしても、自動車はいつも家につながれているわけではありませんし、よほどの大きな電池が買えるのではなくては、発電する電気をすべて貯めることは誰にもできず、余った電気はグリッドに流れていくことになるでしょう。他方で、太陽光発電をできないお宅、蓄電池を据え付けられないお宅もたくさんあります。発電できるお宅はできるだけ発電し、その電気を皆で使うVPPが一番合理的なように思います。けれども、電力の、近隣でのこうした融通システムを根っこから新しく作ろうとすると、ものすごいお金がかかります。前の方で紹介した葛尾共生電力の場合、延長5kmの電線からなる自前の配電の仕組みに対して、2億8000万円もかかったそうです。電柱139本、柱上変圧器38台、先ほども登場したスマートメーター134台、そしてグリッドのマネッジメントシステムのお値段です。自前のグリッドの建設といった仕事をどこででもする訳にはいかないでしょう。現実的な解決は、すでにある配電網を、地元の再生可能エネルギー起源の電源を最大限に活かすような形、つまり、ドイツについてレポートしたような技術や組織の形で、経営することではないでしょうか。

　現在の国の政策では、電力小売り事業が自由化され、また送電事業は、いろいろな発電源のつなぎ込みに対してしがらみなく運用できるよう、発電事業との経営の分離が進んでいます。しかし、身近な配電網についての制度改革の方向は定かではありません。取りあえず、新規参入ができるようにすることによって、効率的な経営をする競争が起きないか、という趣旨と想像しますが、配電網を運営

する事業体は、一般電力企業の配電網部門のみと決めてかかることなく、やりたいと言う事業体が出てくれば、審査の上で営業を許可する制度に変えて、参入の間口を広げる制度改革が行われるようです。

　そうした流れの中ではありますが、日本では、アメリカで見た地方公営電力や、ドイツのシュタットベルケのようないわば第三セクターに、配電事業を行ってもらいたいと思っても、残念ながらちょっと手が届かない感じです。代わりですが、地域の自治体や住民が出資し、配電網を所有し、配電の方針について地域の人々が議決権を持つような意思決定機関と損益を引き受ける事業体を身近な地域に作り、経営の技術的な側面、すなわち配電網の日々の運営については、昔の一般電力企業を起源に持つ配電会社とか、能力が十分あるアグリゲーターに委託を行う、といったソリューションが現実的ではないでしょうか。一例として北九州市東田地区では「北九州スマートコミュニティ創造事業」に取組んでいて、近隣の製鉄所にある天然ガスコジェネで発電した電力の一部を供給してもらい、これを自営線のマイクログリッドで地域内の事業所や一般家庭に供給していいます。こうしたことを既存の配電線で、たくさんのエコなお家の太陽光パネルや蓄電池

北九州市東田地区のマイクログリッド指令室

をつなぎこんでできると、とても素晴らしいことです。

　しかし、配電網を経営する企業にはどんなことを求めるかに関する国の政策は、とても不鮮明で、場合によっては、山間へき地などの配電網は、大会社では儲からないので、地域にやってもらおう、という、単なる経済的な動機に立って検討されているのではないか、と心配する向きも大勢います。配電網を儲け本意ではなく、地球への迷惑を減らす方向で経営できるようにするように、また経済的に引き合わない地域での配電事業をユニバーサルサービスとして国全体で支える、といった観点でも、皆が政策論議に関心を寄せ、見張っていく必要があります。

　アメリカの例を持ち出して恐縮ですが、私が住んでいたイリノイ州では、コミュニティ営の電力供給もある一方、大きな私営の電力小売り会社があって配電網を所有している地域も広大にありました。そのような小売り・配電会社には、公益的な観点でどしどしと厳しい注文が付けられていました。配電線のきちんとした保守点検と停電防止はもとより、再生可能エネルギーの電源割合、電力の消費者における節電の財政的な支援などが営業許可の条件の内容でした。これに日本もならい、配電会社に対して、今のような、政府機関が大局的な意見を言うだけでなく、地域自治体が環境上の、そして防災上のきめ細かい意見を言え、そして配電会社はそれに従わないといけないとする法制度も一つの可能なソリューションと思います。

　このような制度改革を通じて、配電網が地域の大事な財産だという受け止め方が育っていけば、災害時には他の場所とは独立して電力をある程度供給できるようにするため、平時からマイクログリッドになれる部分を整備していくという技術的にもう一段難しい次のステージへ進めるかもしれません。

一層広域な協力を目指す政策

　東京や大阪での再生可能エネルギー起源の発電の能力は、パネルの低廉化を受けてこれから屋根上に置かれるものがますます増えていくものと思われます。けれども大都会には、建物やたくさんの施設があって需要が極めて大きい以上、需要のすべてを地産では賄えないでしょう。日本全体で脱炭素を果たし、地球の生態系にご迷惑を掛けずに日本人皆が暮らすにはどうしたらよいでしょう。

　大きくは2つ、細かく見ると3つの方法があります。まず一つは、東京や大阪などがもっとスリムになって、人々や事務所は、再生可能エネルギーが豊富な場所に移り、そこで再生可能エネルギーの地産地消を進めることです。コロナ禍で地方移住が盛んになりつつありますが、現実的なソリューションになるのには、まだまだ長期を要しましょう。大きな方向のもう一つは、日本の他の場所で再生可能エネルギーを開発し、東京や大阪で使うことです。この小冊子では、この後者の方法を考えてみましょう。

　ここには、再生可能エネルギーを電気に変えて遠くから東京などで運んでくる直接的な方法と、地方で使った再生可能エネルギーの量を、いったん証書のような情報に変えた上で、東京などにその証書の所有権を移し、東京などでの通常のエネルギー利用と相殺するヴァーチャルな方法との二つがあって、現に使われています。まずは、この後者の証書取引の方法を見てみましょう。

　証書を利用する方法の利点は、電気を本当に送るための送電線を増やすことはしないので、余分なお金が要らないことです。他方、欠点は、再生可能エネルギー起源の電力を使う場所を、地方から都会に移し替えるだけですから、日本での再生可能エネルギー利用量が増えることにならないことです。もっとも、長い目で見れば、再生可能エネルギーの利用量はそれでも増えます。つまり、再生

可能エネルギー消費証書を販売して得られる儲けを当てにして、地方で太陽光発電やバイオマス利用が増えていくと、その増えた分だけ、日本の再生可能エネルギー利用量は増えるのです。しかし、そこには上限があります。地方で使える量以上の再生可能エネルギーは作っても無駄になってしまうからです。地方で消費可能な量が、再生可能エネルギーの使用量の上限になってしまいます。

　こうした欠点はあるにせよ、地方にはまだまだ再生可能エネルギーの活用余地がありますから、この証書を作り販売する（と言っても、今は、紙ではなく、ブロックチェーン技術などによって、出所が確認できるようにした電子情報が使われます）仕組みは大いに役立っています。

　しかし、私は、使われる証書の分類に関する政策には釈然としないものを感じます。メガワットクラスの営業用太陽光発電所で発電されてFITで買い上げられ、実際に日本の配電網に流れることになった電力も、地方の身近な配電網で消費された再生可能エネルギー起源の電力も、そして、配電網に流れ込まずに自家消費された電力も、エネルギーそのものとしての価値のほかに、この証書の対象となることによって、いわば環境貢献の価値を足し算することができるのです。ただその際に、その環境貢献価値の媒体となる証書の名前は「非化石証書」というものになってしまって、原子力発電所の電力が貰える証書と同じになってしまうのです。この政策を作った行政官の言い分は、おそらく「原子力だって、発電段階でCO_2を出さない点は同じでしょ」ということでしょう。端的に言えば、これは原発の電力との太陽光発電電力などとの抱き合わせ販売です。世の中には、原発は安くてありがたい、と思う企業もいるのですから、再生可能エネルギー起源のものと無理に抱き合わせ販売などせず、原子力による電力は堂々と明示してもっと安く売ってあげればそういう企業に喜ばれるのに、と私は思うのです。

　もっと困ることがあります。現時点では、非化石証書のうち再生可能エネルギーのみによって裏付けられたものは、それ以外のものと区別できるようになってはいますが、心配は今ですらクリアーでない区別がさらにあいまいになってしまうことです。例えば、日本では多くの企業がRE100を宣言し、それの達成に役立つ電力を買い集めるようにしていますが、原子力発電電力分も含めた量に見合って発行される非化石証書に一本化されてしまうと、純粋の再生エネルギーの証明書としては使えなくなってしまって、困ることになります。いずれにせよ、なぜ区別をあいまいにするのか、意図を勘繰らざるを得ないおかしな政策で、改めてもらいたいものです。

　地方で消費可能な再生可能エネルギーの量を超えて、国中での再生可能エネルギー活用量を増やすには、エネルギーが豊富な地方で、そこでは使い切れない多くの発電などをして、それを都会に実際に運ぶ必要があります。第二の方法のその2です。このためには、高いものでは50万Vといった超高圧で長い距離にわたって電気を運ぶ特別の送電線を多く建設する必要があります。地方で再生可能エネルギーによる発電適地があっても、その電力を東京などに持っていくインフラがないと、発電計画は頓挫してしまいます。そうした絶対的な物理的な制約だけでなく、実は、既存の送電網の容量の半分はいつも使われていない、という運用ルール（N-1基準）があって、再生可能エネルギーの開発の妨げになるとして大いに議論を賑わせました。送電線に空きをあえて作る、このルールはどこかの送電線が切れてしまった場合に迂回して電気を流せるようにとの安全対策なのですが、電気を流す既得権は、古い発電所が持っていますので、新設の再生可能エネルギー発電所は参入ができなかったのです。幸い、このルールの適用は批判が奏功して改められることとなり、断線事故などの際に限って新設発電

所からの送電受け入れをやめる、といった運用の改善が図られることになったようです。

　こうした運用改善はあるにせよ、やはり、物理的な制約には大きなものがあります。風力や太陽光に恵まれた東北地方、北海道地方、九州地方から東京や大阪に再生可能エネルギー起源の電力を運ぶには、長距離の送電網の容量を大きく増やす必要があります。太陽光発電などを応援する「自然エネルギー財団」の研究では、地域間の電力輸送量は、2020年に比べ50年には65％増加し、全国の総発電量の18％が地域をまたいで送電されることになると予想しています。また、その送電を支えるため、最も送電の容量の増加が必要な北海道と東京との間のものだけで総額2.2兆円にのぼる高圧送電線網新設への投資が必要になるようです。もっと大きな設備と投資が必要だと言う人〈注〉もいますし、私も是非を論じる能力はありませんから、あくまで目安だと思ってください。

　どこにどのくらいの送電線を敷設するか、といった技術的なことは、電力の一般使い手には余り利害のない論点です。脱炭素という既定方針を果たす上で最小限必要なものになるよう、専門的、合理的に検討してもらえばいいのでしょう。しかし、それを実行した時の費用は誰かが負担しないとなりません。送電会社がまずは負担するにしても、電力消費者が支払う電力代金に当然回ってきます。

　この小冊子の最後に、脱炭素のために必要なお金は誰が負担するのがよいのかを考えてみたいと思います。これはまったくもって政策的な課題であって、最終的には国民が判断しなければならない重要な選択肢になっています。

　選択とは、煎じ詰めれば再生可能エネルギーとは、それを使いたい人が余分な費用を払って使うものなのか、それとも再生可能エネルギーを使わないといけなくなった原因を作った人が費用を払うのか、というものです。

※例えば、未来のためのエネルギー転換研究グループの近刊「2030 報告書：グリーン・リカバリーと 2050 年カーボンニュートラルを実現する 2030 年までのロードマップ」では送電線整備のために 30 年までに 16 兆円の投資が必要としている

　現在の、日本の再生可能エネルギー利用拡大政策は基本的に3種類です。一つはFITで、再生可能エネルギーで発電する事業者に対して、長期間、普通の電気よりも高い値段で電力買い上げの約束をして、その供給量を増やすことです。二つ目は、研究開発支出を税金が掛からず行えるものにして企業の技術開発を盛んにして、再生可能エネルギーを将来的には安く使えるようにテコ入れするものです。三つ目は、現時点では先端的な技術や装置なので値段が張るものに対して補助金を与えて、円滑に再生可能エネルギー利用設備を導入できるようにするものです。

　こうした3つの政策の費用負担面を見ると、最初の二つの供給側の応援策は、実は広く国民が負担をしています。有名なFITの買い上げ資金は、電気を使う人すべて（ただし、大変に多く電気を使う一部業種は割引）に対して電力の使用量に応じた賦課金を掛けて賄われています。皆さんのお家へ来る電気料金請求書の内訳に必ず額が書いてあります。また、企業が払う税金の割引は、結局、国家の歳入を減らしますので、福祉などの政策目的への資金を減らすか、あるいは国債を出し、将来の税金で償還するか、ということで賄われるので、広く国民が負担していることになります。それに対して、三番目の、再生可能エネルギーの需要面での応援政策は、石油などの化石燃料に課される税金、「石油石炭税」の税収を還元して賄われています。この石油石炭税の一部分は燃料中の炭素分に比例した税率なので、広い意味での炭素税、として理解できます。つまり、環境を汚す燃料を使えば使うほど負担が増し、他方で環境を汚さないような先進的な設備を導入すると補助金が貰える、という仕組みです。再生可能エネルギーを普及するに当たって、そうしたことを必要にさせた原因を作った者が原因の重さに応じて、再生可能エネルギーの普及のための費用を負担することになります。

最初の選択肢に戻ると、結論を言えば、私はFIT原資も研究開発の支援費も、その出所は、この石油石炭税に求めるのがいいと思いますし、再生可能エネルギーの運搬量を拡大する送電線の建設にも、石油石炭税を使うのがよいと思うのです。今の低い税率では、使途の大きさに比べて税収が不足なら、増税して、財源は化石燃料に負担してもらうのが良いと思うのです。それは国民の財布を痛めたくない、ということではありません。事業者をいじめたいのでもありません。国民とか事業者とかの別を忘れれば、使われるお金の総額は変わりませんし、仮に、まずは事業者が負担するようにしたにせよ、その負担は電力代金の一部になって消費者（国民）に割り掛けられますので、結局は国民が費用を最終的に負担するのです。その点では、今のFIT賦課金も私の提案も変わりません。しかし、一つ、重要な点で違いが出ます。それは、私の提案では、炭素をたくさん出して作られた電気やいろいろな商品、設備の価格が今より高くなり、再生可能エネルギーやそれを使って作った商品や設備が相対的に安くなる、ことです。私が不思議に思うことは、環境を汚す悪貨が何のペナルティを受けることなく、他方で再生可能エネルギーと言う良貨が高い価格のままで戦いを挑まないといけないのはなぜなのか、ということです。欧州諸国では、CO_2を出す行為には厳しい制約が掛かっていて、大きな工場では、高いお金を掛けて、CO_2の排出許可枠のようなものを持たないとならないのです。日本はその点不思議で、紹介した日本の石油石炭税を炭素当たりの税率に直すとして、石炭に関して比べると例えばフランスの3分の1にしかなりません（北欧諸国と比べると差はもっと開きます）。このことに見られるように、CO_2が地球を汚すことには目くじらをたてずにいるのが、日本です。他方でもし、CO_2をたくさん出すエネルギーなどが今より高い値段になれば、私たち消費者はその購入を自ずと控えますので、実は、再生可能エネルギーへの応援

額が少なくとも、CO_2は減るのです。経済学では、これを価格効果と言いますが、当たり前の話で、高い物の需要は減るのです。そうした消費者の自主的な選択を信頼して活用する政策をしてもらえないものでしょうか。

　消費者目線、生活者目線で政策に物申そうと、考えれば、今のエネルギー政策は突っ込みどころ満載です。

　2021年の初めの寒波では、一般電力事業者の電力の市場への売り出し量がどういう訳か少なくなって、折から増えた暖房需要を賄うための電力消費増に伴って電力市場でのスポット価格（前日の需給予測に応じて変化する価格）は、普通の小売り単価の10倍以上にも高騰した上、売り札がなく売買が成立しなかったりしました。皆さんが新電力小売り企業と契約していれば、電気料金がすごく増えた方もいらしたはずです。日本では十分な発電能力がありながら、こんなことが起こるのです。さらに、不思議なことに、固定した価格で国民負担で買い入れたFIT電気も、どういうわけか、小売り企業に売る時は、スポット価格と連動して高く売りつけられるのです。それでは、せっかく作ったきれいな電気を使うな、と言っているのに等しく、まったくもって何のための政策か頭をひねってしまいます。

　私たちは、地球や内外の人々に迷惑を掛けることの少ない健やかで安全な暮らしを送りたいだけです。その実現のために応分の費用が必要なことも分かっていますし、今の技術をもってすれば、その費用に引き合う快適な暮らしは実現できるとも思っています。遅れているのは政策の方ではないでしょうか。

おわりに

　私は環境の専門家ですが、エネルギーや電気を専門としてはいません。そんな私が書いたこの本は、「はじめに」で述べましたように、自宅のことや、私が訪問して直接に当事者からお話を聞いたり、データをもらったりした事例を集大成したもので、いわば生活者の手作り、手探りのエネルギー読本です。内外各地で暮らす他の人々や地球の生態系に対して迷惑を掛けることをできるだけ少なくした、健康で快適な暮らしを実現するために、普通の人が果たして何ができるのだろうか、と考えたものです。

　そこはよいのですが、訪れるべきで訪れられていない現場もまだたくさんあります。また、筆者の体験や自分の目にこだわって、定説の引用、孫引きやまた聞きはほとんどしていません。これらのため、学者の方々がまとめるような客観的な、また万遍なく目配りしたレビューに比べると、偏った内容になっている点があるかもしれません。私としては、それでも、あるいはそれだからこそかもしれませんが、自分の経験からは、エネルギー政策には下剋上が必要だと強く感じます。
　エネルギーの専門家の方々が、いろいろなことに配慮しながら決めるような政策では、これまでの政策の下で行ってきた投資や、これまでのやり方で利益が保証されてきた人々などの顔を立てる必要があって、これまで軽視されてきた、地球の生態系に迷惑を掛けない人類の暮らしや経済への転換はなかなか簡単には進まないでしょう。そもそも社会の主人公は、普通の暮らしを営む国民です。国民がこうするんだ、と言い、こうして欲しいんだ、と具体的に主張するのはむしろ望

ましいことです。社会の取り組みが失敗した時に損害を被るのは一般国民ですから、黙っているわけにはいかないとも思います。下剋上と言いましたが、むしろ、本来のあり方を実現しようということです。つまり、専門家が物事を決めるのではなく、普通の暮らしを営む人々がその望みを率直に口に出し、専門家には、その望みをかなえることに知恵を出し、奉仕する役割を果たしてもらう。そのように世の中を変えていこう、ということです。私は、今の世の中には、お金も技術も知恵も人材も十分ある、と思っています。他方、足りないのでもう少し欲しいのは、意思です。方針を決め、これら技術などをうまく使って事を成し遂げていこうとする私たち主権者・国民の意思が足りないのです。エネルギーは小難しくて、私たちはつい敬遠しがちです。しかし、もはやエネルギー・スルーではいけなくて、私たちはエネルギー使いの主人公にならないといけないのです。

　そう思って書いたのがこの小冊子ですが、カバーできていない分野が、正直申し上げて極めてたくさん残っています。
　例えば、水の利用とエネルギーとの関係には触れましたが、生活関連の技術との関連では、プラスチックの利用とエネルギーとの関係の最適化を始め、まだまだ広い生活関連領域での取り組みが発展させられ得ると思います。また、暮らしに係わるところの大きな政策との関連では、建築・土地利用の規制、都市計画を、省エネルギーの深堀りや再生可能エネルギーの一層の活用にどう役立てるか、などは、もっともっと論じられてしかるべきテーマだと思います。さらに、都市レベルを超えた国土規模の利用の在り方も、コロナ禍の影響で大きく変わる可能性があります。テレワークの発達が可能にした地方移住や二地域居住について、そのエネルギー利用への帰結を見てみるべきと思われます。地域の主権とグローバリ

ズムとの良い組み合わせも、私たち自身の課題としてとらえる必要があります。

　私たちの暮らしの中でのエネルギーの使い方を、いろいろな場面で工夫することで、人類と地球との関係をもっと改善することができるはずです。

　課題がたくさん残されていることは希望がまだまだいろいろな場所で芽を出し、花を開き得る、ということでもあります。本書にはそうした不足の点もあり、また、読者の皆さまから見れば、役人OBは歯切れが悪いな、と思われる箇所もあったと思います。網羅的ではなく、隅々までクリアにまだなっていないことは率直に申し上げたいと思います。

　欠点は著者のせいですが、ここに取り上げました個々の事例の当事者の皆さまには感謝しています。最近の様子などを追加で取材しましたところ、お忙しいにもかかわらず気持ちよく対応していただいたことに、紙面を借りて改めてお礼申し上げます。また、リノベーションなどに当って、環境エネルギー総合研究所の大庭みゆき氏、そして小田桐直子氏にはデータを取っていただき、大いに助かりました。図表などのデータを快くご提供していただいたエネルギージャーナル社と木楽舎にも感謝し、お礼申し上げます。さらに出版の機会を与えてくださった海象社と編集の労を執ってくださった滝川さんにも心から感謝申し上げるところです。

　再生可能エネルギーの活用は、読者の皆さまをはじめとした各方面の実践、そして経験の集積によって、一層盛んになると確信します。私も読者の皆さまからのご叱正を賜りながら、引き続き、エネルギーと暮らしの課題に実践的に係わり、自らの取り組みを改善し、その結果を発信し、皆さまと共有していこうと思っています。

2021年5月

小林　光

参考図書・情報

〈敬称略。著者名がないものは全て小林光著。また「足元からeco！」の掲載誌は創省蓄エネルギー時報〉

〈第1章〉

羽根木エコハウスの当初5年間の運用実績については「エコハウス私論-建てて住む。サステイナブルに暮らす家」（ソトコト新書、木楽舎、2007年4月）。14年までの運用実績については、「住宅におけるCO2削減対策の効果に関する一実証事例」（環境情報科学44巻3号、環境情報科学センター、15年）。19年までの総括評価については「羽根木エコハウス20年の省エネで思う、炭素税で環境文明へ舵をきろう」（足元からeco！第74回、20年1月）。

太陽光発電の経年劣化やメンテナンスについては「太陽光パネルの劣化、リユースに備えよう」（足元からeco！第28回、15年3月）、「家庭用PV…役立っているけどトラブルがないわけでない」（同第34回、15年11月）。
太陽光発電と猛暑との関係については「猛暑化する地球、レジリアントな太陽光発電」（同第62回、18年11月）。
太陽光発電電力で太陽熱床暖房設備を駆動させることについては「COP無限大で、停電に強い暖房設備への改造」（同第7回、12年4月）。
太陽熱床暖房の効果については「太陽熱を活かそう」（同第15回、13年4月）、「太陽熱利用を極める」（同第12回、12年10月）、「太陽熱を活かそう」（同第15回、13年4月）。

〈第2章〉

電力の購入元の選択については「電力小売り自由化とエコハウスとしての正しい選択とは」（同第42回、16年8月）、「地球を汚す電力の強制販売は早くやめよう」（同第50回、17年5月）。
冷蔵庫関係については「冷蔵庫を買い換えた。家庭の省エネの切り札の効果はいかに」（同第73回、19年12月）。
エアコン関係については、「エアコン、ガスエンジンから電気駆動に変更。夏季CO₂削減にも満足」（同第44回、16年10月）、「カーボン・ニュートラルの初夢が見たい」（同第46回、16年12月）。
照明（LED）関係については「器具も換えてLED照明へ、倍も明るくなってびっくり」（同第37回、16年2月）、「LED化、その頼もしい効果」（同第41回、16年7月）。
窓などの断熱強化の効果については「進化するエコハウス。断熱リフォームを実行した①、同②」（同第39・40回、16年5月・6月）。特に窓については、「また窓を替えた。暖かくなった」（同第67回、19年5月）。
蓄電池の課題については「我が家のHEMSも第二世代、まずは蓄電池と格闘」（同第23回、14年7月）、「蓄電池に隠れた魔物に苦闘続く」（同第26回、14年12月）、「太陽光パネル付き蓄電池から電力がなくなってしまう」（同第43回、16年9月）、「リチウムイオン電池に潜む魔物探し」（同第48回、17年3月）。
燃料電池については「来るべき水素の時代、次は需要を開拓しよう」（同第70回、19年9月）、「集合住宅における燃料電池コージェネ、いよいよ登場」（同第77回、20年4月）。

〈第3章〉

投資額とその償還については、前掲の「エコハウス私論」156-175Pに詳述。また、**健康上の効果**については、同じく213-217P参照。

〈第4章〉

本冊子で取り上げた事例も含め**国内の自然エネルギーの地産地消の取り組み**については河野博子「里地里山エネルギー・自立分散への挑戦」（中央新書ラクレ、中央公論新社、17年1月）
ネイパービル市など米国の環境取り組みについては「米国は、それでもやっぱり環境ビジネス大国」（小林光のエコ買いな!?第38回、日本経済研究センター会報、18年9月）。

ハワイの取り組みについては「日本の 10 年先行くハワイ電力の太陽光利用（上）（下）」、創省蓄エネ時報 180
号・182 号、19 年 4 月・5 月）。ロマン・ジスラー「世界の革新的な脱炭素政策:ハワイ州」（自然エネルギー財団、
21 年2月）
宮古島及び福島の取り組みについては「再生可能エネルギー 100%への道（上）（中）（下）」、小林光のエコ
買いな?! 第 40、41、42 回、日本経済研究センター会報、19 年 7 月、8 月（7日・20 日）。
ドイツの取り組みについては「電源から配電網まで、こんなに違うドイツの電力事情（上）（下）」（足元から
eco！第 80・81 回、19 年 8 月・9 月）。
VPP（ヴァーチャル・パワー・プラント）の技術的側面については、市村健「DR・VPP・アグリゲーター入門」
（オーム社、21 年1月）が電力企業側から詳しく説明している。

〈第5章〉
オーストラリアの取り組みに関しては「都市ガスに水素を混ぜて熱起源 CO_2 を減らそう」（足元から eco！第
76 回、20 年 3 月）、「次世代の水素ビジネスに挑む関西、実装の現場を設けよう」（同 78 回、20 年 6 月）

〈第6章〉
再生可能エネルギー起源の電力の円滑な供給に関するデータや提言に関しては、自然エネルギー財団「脱
炭素の日本への自然エネルギー 100% 戦略：報告書及び提言」（21 年 3 月）。
エネルギー政策に対する批判的意見については鈴木悌介「エネルギーから経済を考える」（合同出版、13 年
11 月）。

環境・エネルギー用語索引

【著　者】
小林　光（こばやし・ひかる）

東京大学教養学部客員教授。
1973年、慶應義塾大学経済学部卒、環境庁（現・環境省）入庁。環境と共生できる経済や地域づくりを一貫して担当。地球温暖化に関しては、95〜97年の京都議定書作成に関する内外の交渉を担い、以来、各種対策の国内実装に尽力した。2009〜11年の事務次官を最後に退官し、慶應義塾大学、東京大学などで教育・研究に当たる。社会人として修士、博士号を工学（都市計画）で取得。電気工事士やアマチュア無線技士でもある。
00年自宅エコハウスを建築し、エコライフを実践。将来のVPP（仮想発電所）への参加に備え、長野県茅野市にエネルギー生産住宅を建設中。地元の東京都世田谷区をはじめ各地の環境づくりや企業のエコビジネス開発にも参画している。本書に関連する著書には「エコハウス私論」（07年、木楽舎）、「地球の蓄い一部になる」（16年、清水弘文堂書房）、「地球とつながる暮らしのデザイン」（16年、木楽舎、共編著）がある。

エネルギー使いの主人公になる①
エコなお家が横につながる

2021年6月5日　初版発行

著者／小林　光
発行人／瀧川　徹
発行所／株式会社　海象社
　　　　〒 103-0016　東京都中央区日本橋小網町 8-2
　　　　TEL：03-6403-0902　FAX：03-6868-4061
　　　　https://www.kaizosha.co.jp/
　　　　振替　00170-1-90145
カバー・本文デザイン／㈱クリエイティブ・コンセプト
印刷／モリモト印刷株式会社

ISBN978-4-907717-65-0　C0336